U0400109

杰出服务业领导者的知与行

在服务业企业中实现突破

〔美〕詹姆斯 · L. 赫斯克特 (James L.Heskett)
〔美〕小W. 厄尔 · 萨瑟 (W. Earl Sasser Jr.) ◎著
〔美〕伦纳德 · A. 施莱辛格 (Leonard A. Schlesinger)
林晓松　吴文华◎译

北京大学出版社
PEKING UNIVERSITY PRESS

著作权合同登记号　图字:01-2019-6423

图书在版编目(CIP)数据

杰出服务业领导者的知与行:在服务业企业中实现突破 /(美)詹姆斯·L.赫斯克特,(美)小W.厄尔·萨瑟,(美)伦纳德·A.施莱辛格著;林晓松,吴文华译.—北京:北京大学出版社,2020.5

(百森商学院教授创业学经典丛书)

ISBN 978-7-301-30963-6

Ⅰ.①杰…　Ⅱ.①詹…②小…③伦…④林…⑤吴…　Ⅲ.①服务业—企业管理—研究　Ⅳ.①F719.1

中国版本图书馆CIP数据核字(2019)第288495号

What Great Service Leaders Know and Do: Creating Breakthroughs in Service Firms
James L. Heskett, W. Earl Sasser Jr., Leonard A. Schlesinger
ISBN: 978-1-62656-584-5

书　　名　杰出服务业领导者的知与行:在服务业企业中实现突破
　　　　　JIECHU FUWUYE LINGDAOZHE DE ZHI YU XING:
　　　　　ZAI FUWUYE QIYE ZHONG SHIXIAN TUPO
著作责任者　〔美〕詹姆斯·L.赫斯克特(James L. Heskett)　〔美〕小W.厄尔·萨瑟(W. Earl Sasser Jr.)　〔美〕伦纳德·A.施莱辛格(Leonard A. Schlesinger)　著　林晓松　吴文华　译
策划编辑　贾米娜
责任编辑　贾米娜
标准书号　ISBN 978-7-301-30963-6
出版发行　北京大学出版社
地　　址　北京市海淀区成府路205号　100871
网　　址　http://www.pup.cn
微信公众号　北京大学经管书苑(pupembook)
电子信箱　em@pup.cn
电　　话　邮购部010-62752015　发行部010-62750672
　　　　　编辑部010-62752926
印 刷 者　涿州市星河印刷有限公司
经 销 者　新华书店
　　　　　890毫米×1240毫米　32开本　9.875印张　195千字
　　　　　2020年5月第1版　2020年5月第1次印刷
定　　价　39.00元

本丛书系列由美国百森商学院、厦门大学 MBA 教育中心和

北京大学出版社联合推出

支持中国的创业创新实践和创业教育实践

These series are brought to you by the collaboration of Babson College, MBA Education Center of Xiamen University and Peking University Press, in support of the Practice of Chinese Entrepreneurship and Chinese Entrepreneurship Education.

百森商学院教授创业学经典丛书

编委会

Preface

At Babson College, we educate entrepreneurial leaders who create great social and economic value everywhere.

Babson founded the academic discipline of entrepreneurship; we invented the methodology of Entrepreneurial Thought & Action; and we redefined entrepreneurship to embrace Entrepreneurs of All Kinds. We believe that entrepreneurship is a mindset, a way of looking at the world, and that it can be applied in any context, from corporations to startups to NGOs.

Through this book series, we are excited to share key lessons from renowned Babson faculty members with readers around the world. Our Babson faculty members are global leaders in entrepreneurship education. Their unmatched insights into business and entrepreneurship ensure that Babson remains a pioneer in entrepreneurship education and on the leading edge of research and pedagogy.

As we approach our Centennial in 2019, we are focused on preparing entrepreneurs to lead in a new way, creating social and economic value simultaneously, and, in doing so, transforming lives, businesses, and communities for the better. By offering a transformative experience, fostering intentional diversity and preparing graduates to apply Entrepreneurial Thought & Action in all settings, our graduates are ready to lead and make a difference in our rapidly changing world.

At 40,000 and growing, Babson's global network of alumni and friends is poised to tackle big challenges—climate change, youth unemployment, global poverty—with entrepreneurial energy and Babson spirit; creating jobs, strengthening communities and generating social and economic value that goes beyond personal gain and extends to families, employers and society as a whole.

At Babson, we understand that entrepreneurship is the most powerful force for creating positive change in the world. Now, building on nearly 100 years of leadership in entrepreneurship education, we are striving to bring Entrepreneurial Thought & Action to everyone on the planet.

This is an exciting time for Babson as we build on our successes and continue into a second century of innovation and leadership. Thank you for being part of this journey.

Sincerely,
Kerry Healey
President
Babson College
July, 2017

丛书序

在百森商学院，我们为创业领袖们提供创业教育。他们在世界各地创造了巨大的社会和经济价值。

百森商学院创立了创业学科；创造了“创业思维与行动”的方法；重新将创业学定义为包含“一切创业行为”的学科。我们确信创业学是一种思维的方式、一种观察世界的方法，无论是对于大企业、新创企业还是非政府组织，创业学在任何场景下均适用。

通过这套丛书，我们非常欣喜能够将百森商学院著名教授团队的重要心得与世界各地的读者分享。百森商学院教授团队的成员均为全球创业教育领域的翘楚。他们对商业和创业无与伦比的洞察力使百森商学院在创业教育上一直保持先行者的位置，同时在研究和教学方法上也具有领先优势。

2019 年百森商学院将迎来百年校庆，我们一直专注于帮助创业者做好准备，使他们能够以一种新的方式引领世界，并创造社会和经济价值；在这个过程中，也让自己的生活、事业和社区变得更加美好。通过提供具有变革性的经验，有意识地培养多样性，让毕业生们能够将“创业思维与行动”应用到所有场合，从而在这个快速多变的世界独领风骚，不同凡响。

百森商学院在全球的校友和朋友已经超过40 000名，而且人数还在不断增长，他们具备充分的能力，秉持创业的正能量和百森商学院精神去迎接巨大的挑战，如气候变化、青年失业、世界贫困等；他们将创造新的就业机会，强化社区的功能，并将创造的社会价值和经济价值从个人利益延伸到家庭、雇主及整个社会。

在百森商学院，我们知道创业学是促使这个世界产生积极变化的最强劲的力量。现在，以近一百年的创业教育领导地位为基础，我们正努力将“创业思维与行动”带给这个世界上的每一个人。

百森商学院将立足已有的辉煌，迈入充满创新和领导力精神的另一个世纪！这是一个多么令人激动的时代！感谢你们成为这一伟大进程中的一员！

克里·希利（Kerry Healey）

百森商学院校长

2017年7月

译者序

随着人均国民收入的增长，全球经济正迅速转型为以服务业为主导的经济。我国经济正由高速增长阶段稳步地向高质量增长阶段迈进，经济发展质量在持续改善，经济增长新动能不断发展壮大。其中，服务业对保持经济动能、优化经济结构的作用不容小觑。服务业 GDP（国内生产总值）在 2018 年对 GDP 的贡献率约为 52.2%，对 GDP 增长的贡献率达到 59.3%。据国务院发展研究中心“中长期增长”课题组的研究，未来十年我国服务业占比将快速提高，上升至 2028 年的 65% 左右，服务业作为第一大产业的地位将更加稳固。商品消费增长趋于平缓，服务性消费进入快速成长期。在一线城市，服务性消费比重已经达到 50% 左右。消费结构升级带动产业结构升级，知识密集型服务业正成为拉动消费结构和产业结构升级的新主导产业。

服务业发展的前景是如此振奋人心，如何有力地抓住这个历史性的机遇，值得我们深入地思考、创造性地探索、扎扎实实地行动。我们经常听到“客户就是上帝”“客户第一”“竭诚为客户服务”这些标志性的服务宣言，但是在不同的组织中，其最终效果却相去甚远。于是乎，我们又会经常看到“首问负责制”“加强绩效考核”“评比服务之星”等管理办法大行其道，短期内的效果也确实可见，然而是否可以取得持续性的服务质量提升却难以保证。服务业领导者们追求优质服务的愿望不可谓不强，效果却经常不尽如人意，之所以出现这样的问题，往往是因为虽然强调了客户，却忽视了服务业中最关键的因素——为客户服务的人——员工。如果缺乏对员工的关注，那么优质服务也将是无源之水，不可持续。虽然如今极少看到有企业宣扬“股东利益最大化”或“业绩第一”的说法，但长远来看，投资者的利益如果得不到保障，优质的服务也终将失去组织保障。因此，杰出服务业领导者必须能够从本质上洞察并动态管理“客户”“员工”“股东”三者之间的有机关系。

此外，我们还应当十分深刻地意识到技术——尤其是信息技术——在服务业中的重要作用。中国现在已经成为数字化大国，是世界消费领域数字技术的主要投资国以及领先的技术应用国。最新的研究和实践（比如阿里巴巴集团前总参谋长曾鸣的著作《智能战略》）都提出，未来的组织必然向着以创新为目标、实时感应客户、通过聚合和激发创造者追寻创新效率最大化的协同生态体方向演进。随着信息技术对人获取和使用结构化知识能力的替代越来越广泛，一方面，我们要思考如何更有效地利用信息技术为客户提供优质的服务，另一方面，人的价值也越来越依靠创造力的发挥，我们要思考如何更有力地提升员工提供优质服务的动力和能力。

为了应对以上这些富有挑战性的问题，我们需要从服务业管理的思想和实践先驱那里获得启发及指导。本书的三位作者是服务业管理领域的思想先锋和奠基者，他们考察了许多全球最杰出的服务业领导者，提出了一系列影响深远的理论框架及实践指南，为肩负推动服务业发展使命的领导者们带来了富有洞察力的指引。但是，他们并没有止步于过往的成功，而是敏锐地察觉到现在的服务业已经发生了巨大的变化，想取得持续性的竞争优势变得十分困难。企业某个方面的杰出表现并不能保证服务领先，相反，全方位杰出才能确保企业成为服务业的领先者。为了获得这样的绩效表现，人们需要重新评估组织内的三个职能——营销、运营和人力资源管理。他们发现，在每一个服务业行业都有一到两家企业——突破性的服务业企业——在引领着这个行业。突破性的服务改变了全球服务行业的运行规则，了解如何设计和领导这些突破性服务是十分重要的。因此，他们在本书中致力于寻找最有效的方法以推动实现“服务业三连胜”，即员工、客户和投资者三方的共赢：

第一，同时为客户和员工提供令人满意的结果以及高质量的体验；

第二，为客户提供高价值（未必是低成本）的服务；

第三，为员工和投资者提供在行业内相对较高的收益回报。

我们深信，这部著作对所有致力于成为杰出服务业中的一分子的人都大有裨益。

2017年9月，厦门大学管理学院MBA中心与百森商学院、北京大学出版社三方共同签订了《“百森商学院教授创业学经典丛书”合作出版协议》。自此，百森商学院的一批经典著作将由厦门大学管理学院的教师翻译，并由北京大学出版社陆续出版。我们很荣幸有机会承担本书的翻译任务。

本书的顺利出版发行，要感谢厦门大学管理学院前院长沈艺峰教授，他是“百森商学院教授创业学经典丛书”的发起者和推动者之一，同时也要十分感谢北京大学出版社经济与管理图书事业部的林君秀主任，以及百森商学院高级经理人培训中心负责人John Chen（他也是这套丛书编委会的主要成员之一）。我们特别感谢本书的责任编辑贾米娜老师，她工作认真细致，提出了许多宝贵的建议，有力地推动了我们的翻译工作，提高了本书的翻译质量。

希望通过我们的一点绵薄之力，能够让更多的读者了解服务业管理研究和实践的前沿发展。由于译者水平有限，书中若有翻译不妥之处，敬请读者不吝赐教、批评指正。

林晓松　吴文华

2020年1月1日

本书三位作者的观点能够对贵公司的战略和文化变革产生积极影响。我已经多次目睹在许多不同的文化背景下发生的这种改变。他们对世界做出了杰出的贡献：他们的想法为社会经济的更好发展埋下了种子，让企业和客户能够以富有启发式的方式相互服务。

——Luis Huete，西班牙 IESE 商学院生产、技术和运作管理学教授

没有什么比关于好服务和坏服务的话题能够更好地激发我们的创意及想法。在这部引人入胜的著作中，三位作者鼓舞人心地说明一种新型的领导力将如何在 21 世纪给人们带来真正非凡的体验。

——Diane Hessan，创业学院首席执行官

本书的亮点在于，它很好地体现了三位杰出的服务业管理思想家集体的、基于实践的智慧。

——Leonard Berry，*Discovering the Soul of Service and Management Lessons from Mayo Clinic* 一书的作者，德州农工大学特聘教授、校董事会讲席教授

本书汇集了客户、员工和投资者的观点，提供了出色的实践指南，以实现卓越的服务。在服务业组织必须充分利用日新月异的技术变革的时代，本书清晰地说明了我们存在的核心原因：我们的客户。

——Solmaz Altin，土耳其安联集团首席执行官

基于扎实的研究、大量的具体实例以及对未来的深刻见解，本书为有抱负的和成功的服务业领导者提供了难得的基础知识与深刻见解。

——Mary Jo Bitner，Edward M. Carson 服务营销讲席教授，亚利桑那州立大学服务领导力中心执行董事，*Journal of Service Research* 的编辑

本书的三位作者向我们展示了服务业管理和领导力方面的领先做法。本书提供了有关服务业领导力的前沿思想和实践。更重要的是，它使服务业领导者有机会认识到他们尚不了解的知识，以及未来应如何面对服务业的挑战。

——Javier Francisco Reynoso，墨西哥蒙特雷科技大学 EGADE 商学院教授

自 20 世纪 70 年代末以来，本书的三位作者就一直是探索服务业管理智慧的先驱，如今他们为将来如何设计和交付优质服务指明了方向。优秀的服务业领导者将是那些可以获得“服务业三连胜”的人，让客户、员工和投资者三方实现共赢。

——David E. Bowen，亚利桑那州立大学雷鸟全球管理学院 G. Robert 和 Katherine Herberger 全球管理主席

对于所有的服务业领导者来说，这都是一部重要的著作，尤其对于那些希望引领企业真正理解持续变化的杰出服务意味着什么的领导者来说，这是一本必读之作。三位作者在数据分析的基础上，就如何领导企业在快速变化的服务经济中脱颖而出提供了切实可行的建议。

——Pattye Moore，红罗宾美味汉堡公司董事会主席

本书就如何建立和维持服务员工、客户以及投资者的世界级组织展示了丰富的经验和实践见解。这是一本优秀的手册，它包含了成功与失败的最新范例所启发的服务业深刻智慧，其中包含您需要用到的所有必需的要素，以应对如何以可持续和可盈利的方式提供世界一流服务的挑战。

——Ronan O’Farrell，爱尔兰 Timoney 领导力研究所首席执行官

献给 John McArthur，他自始至终热情地
支持我们的工作

目录

Contents

引　言　/ 1

第一章　领导突破性的服务组织有所不同　/ 10

杰出服务业领导者应知：

领导突破性的服务组织有所不同

杰出服务业领导者应行：

采取措施确保持续提供令人难忘的服务

第二章　构建能够交付结果的服务战略　/ 36

杰出服务业领导者应知：

客户购买的不是服务和产品，而是结果和体验

杰出服务业领导者应行：

聚焦在能够向目标客户提供结果和体验的少数因素上

第三章 设计支持服务愿景的运营战略 / 62
杰出服务业领导者应知：
最佳运营战略不需要权衡取舍
杰出服务业领导者应行：
在设计运营战略时培养“双管齐下”的思维

第四章 创造和利用内部质量——“优质工作场所” / 89
杰出服务业领导者应知：
服务从一线员工开始
杰出服务业领导者应行：
以态度为雇佣标准，培养员工技能

第五章 突破性服务运营的基本要素 / 127
杰出服务业领导者应知：
有效的服务运营战略必须为员工、客户和投资者创造价值
杰出服务业领导者应行：
确保实现多赢的手段与优势——服务业三连胜

第六章 开发获胜的支持系统 / 156
杰出服务业领导者应知：
最佳地利用技术与其他支持系统打造一线服务英雄
杰出服务业领导者应行：
利用支持系统提升重要的岗位、淘汰最糟的岗位

第七章　服务营销——培养客户的主人翁意识　/ 195

杰出服务业领导者应知：

仅满足客户是不够的

杰出服务业领导者应行：

采取措施发展有主人翁精神的核心客户

第八章　引领未来服务　/ 226

杰出服务业领导者应知：

当前对于未来服务的想法是错误的

杰出服务业领导者应行：

建立不断学习、创新、改进的敏捷组织

结　语　最后一个故事　/ 264

附　录　服务趋势及一些要点　/ 275

致　谢　/ 289

引　言

是什么导致客户服务频遭抱怨？例如你最近一次糟糕的航空服务体验。可能是因为客户服务受到越来越多的关注，在促进服务管理改进的同时，却也在无形中拔高了客户的期望值。例如，航空公司从来没有像现在这样为这么多人提供如此可靠的服务。人们可能过于美好的记忆里的优质航空服务，在25年后的今天看来，已不再那么出色，甚至不够好了，因为如今的客户更频繁地体验航空服务，他们已经习以为常了。如果航空服务出现混乱，我们仍然会对此大加指责。不管客户们是出于何种原因对服务产生不满，以及整体的服务水平是否得到提升，服务管理和消费体验的方式还有很大上升空间这一点是显而易见的。

与此同时，有些企业因提供优质服务而闻名。每一个服务行业中，都有一两家企业是服务创新方面的领头羊。不管是零售领域的全食超市（Whole Foods）或者苹果（Apple），金融领域的先锋集团（Vanguard Group）或者ING Direct银行（现为Capital One 360），娱乐领域的迪士尼（Disney），医疗服务领域的梅奥医学中心（Mayo Clinic）或者阿波罗医院（Apolo Hospitals），运输领域的西南航空（Southwest Airlines），或是其他一些在各自的行业内提供优质服务的著名企业，它们都有一个共同点：改变了全球服务业运营的规则，这一点正是它们最振奋人心的地方。因此对我们来说，理解它们如何设计和制定新规则是非常重要的。

过去35年里，我们观察了世界上最卓越的一些服务业领导者。优秀的领导者都是优秀的老师，可以教我们很多东西。在学习的过程中，我们可以从这些领导者的角度出发去弄清楚他们所拥有的知识如何影响其做出决定，从而创造出经得起时间考验的成功服务。

本书采用大家耳熟能详的故事，以及服务领域的基础理论及实践，为读者们呈现了一系列突出的成功案例、无谓的失败案例以及未来的希望。本书的观点和立场非常明确，旨在从设计和提供优质服务方面，为即将肩负推动服务业发展使命的领导者提供指导。

服务业的兴起

世界上大多数的从业人员都是从事服务行业的工作的。从事制造业的工人失业常有发生，但是服务业工作者的比例却在不断上升。人们需要改变原有的思维模式，重新审视目前推动世界发达国家经济发展的职业。

仅仅服务行业中的一个门类——专业服务和商业服务——所提供的工作岗位就已经取代制造业工作岗位，成为世界发达经济体里中产阶级的中流砥柱。在美国，专业服务和商业服务领域的工作岗位远多于制造业，且正以更快的速度增长，它们的薪资远高于那些对专业技术要求较低的工作岗位。具体可见附录。

服务业目前已经为人们提供了大量的工作岗位，未来也将保持这种趋势，因而服务业的领导者承担的责任也随之增加。服务业岗位的设计和服务业从业者的管理将影响全球 80% 以上员工的工作满意度。领导者的领导水平决定了员工对雇主和客户的忠诚度，员工的生产率，他们能为组织创造的利润，以及城市、州、地区和国家的长远经济发展。这将深刻地影响世界各地上亿人的生活。

服务业三连胜的实现

我们的目标是寻找最有效的方法来推动实现服务业三连胜，即员工、客户和投资者三方的共赢。在推动实现多赢的服务战略之外，我们还将了解以下内容：

1. 提升员工及客户满意度、参与度和“主人翁意识”的措施。

2. 采取以上措施后产生的利润和实现的增长。

3. 有效的人才雇佣、培养和保留方式。

4. 采用“双管齐下”而非“非此即彼”的思维，获得竞争优势。

5. 设计能够有效利用科技、网络和服务设备的支持系统。

6. 开发具有“主人翁精神”的核心消费者，他们将贡献企业绝大部分甚至全部增长和盈利。

7. 创建组织，制定政策及措施，以吸引和留住那些能够领导企业在未来服务业转型及随之而来的不确定性中取胜的人才。

本书的框架

本书主要部分分八章，每章都围绕服务业领导者应知和应行而展开。除此之外，本书还将探讨未来服务业的发展方向以及对本书读者成为服务业领导者的要求。

第一章考察了服务突破的演进和基本结构，以及实现这些创新所需要的独特领导理念和行为。突破性的服务领导与其他形式的领导不同。理解这些差异是很重要的，因为这是本书其他内容的重要前提。

第二章和第三章评估了我们长期倡导的理念的持久性，即基于客户和员工价值对等构建战略性服务愿景（第二章），以及围绕服务利润链的特定战略要素的设计（第三章）。这些章节探讨了服务战略成功与失败的原因。

第四章到第七章讨论了杰出的服务业领导者如何通过改善员工和客户的体验，同时降低成本、给员工和客户带来更多价值来达到目的。这些做法可以被视为产生竞争优势或影响的来源，为员工、客户和投资者带来极大价值的方法，以及设计精巧、管理良好的服务的目标。这不一定仅仅意味着少花钱多办事，它还意味着增加少量的投入，获得更大的成效。

第四章讨论了服务业管理者面临的如何创造优质工作场所这一最重要的挑战。优质的工作场所能够提供我们所称的“内部质量”，并充满积极的文化氛围，能够令员工们参与并热衷于他们的工作。首先，服务业领导者们招聘时要以态度为考量且要注重员工的技能培训，但他们要做的绝不仅仅是这些。我们参访了一些组织，这些组织的工作是围绕着客户集群开展的，并且通常由团队执行，大部分由一线工作人员自行控制，并通过服务保障等措施加强。他们的工作是根据先前设定的预期行为来衡量的，并且通过确保员工、客户和投资者均获得普遍回报的方式得到奖励和认可。这些工作场所向我们展示了服务业及其工作人员的未来：服务工作将被积极看待；员工的工作满意度、信任度和敬业度都很高；员工经常展现主人翁行为。

第五章探讨了为一线服务工作者提供有效支持，让他们成为客户心目中的英雄。管理者们将越来越多地通过诸如提供设计便利、规划服务能力、制定服务流程实现完美的“服务的书挡”（见第五章）以及采取更有效的队列排队法等来实现这一点。我们讨论了网络设计的重要性以及全球服务网络的特殊例子。这些自然而然地引出第六章中考虑将科技与有效提供服务相结合的主题。服务业企业中科技的使用需要以此处提出的前瞻性哲学思想为指导。

第七章将焦点从员工转向了客户，讨论了为吸引和留住客户将经常采用的方法，这些客户是企业发展和盈利的主要动力。我们着眼于服务质量和进行服务补救的能力，目的是建立客户忠诚度和终身价值。要实现这一目标越来越需要将客户纳入服务创新中，从而带来竞争优势，提高影响力。

第八章探讨了服务业领导者未来将要面临的最重要的挑战以及可能的解决办法。服务业领导者将逐渐开始与那些具有主人翁意识的客户合作开创新的服务，与客户甚至竞争对手分享资源，众包人才，设计与移动通信技术兼容的服务，以迎合如今愈发移动通信驱动化的社会，在全球范围内提供无缝衔接的服务，与那些原以为对外国竞争对手免疫的国际企业相抗衡。这些趋势无一不预示着未来的世界中竞争优势会更加转瞬即逝，其中非财务标准和深层绩效指标对供应商、客户和投资者的意义将更为重大。

“结语”部分探讨了在日新月异、竞争激烈的全球环境下将要承担更重要职责的领导者应该具备的能力。在这种环境下，企业在关注当前业绩的同时还需要善于学习并对未来的变局做出快速反应。

杰出服务业领导者应知与应行

从逸事趣闻、警示故事以及数十年的调研和观察中，我们提炼了杰出的服务业领导者应具备的知识以及应采取的行动。

表 0-1 的右栏总结了服务业丰富的历史经验中的闪光点。

在阅读本书时，你将看到越来越多的实践者和学者在理解如何应对当今服务业管理者面临的挑战方面取得了长足的进步。与我们近四十年前刚开始研究服务的设计和管理时相比，如今已经有了更多最佳实践案例，也有更多的人才可以将这些进步付诸实践。眼下正是为未来几十年服务业管理的进一步发展梳理现状、理清思路和评估基础的恰当时机。

表 0-1　服务业丰富的历史经验中的闪光点

章	杰出服务业领导者应知	杰出服务业领导者应行
一	领导突破性的服务业企业有所不同	采取措施确保持续提供令人难忘的服务
二	客户购买的不是服务和产品，而是结果和体验	聚焦在能够向目标客户提供结果和体验的少数因素上
三	最佳运营战略不需要权衡取舍	在设计运营战略时运用“双管齐下”的思维
四	服务从一线员工开始	以态度为雇佣标准，培养员工技能
五	有效的服务运营战略必须为员工、客户和投资者创造价值	确保实现多赢的手段与优势——服务业三连胜
六	最佳地利用技术与其他支持系统打造一线服务英雄	利用支持系统提升重要的岗位、淘汰最糟的岗位
七	仅满足客户是不够的	采取措施发展有主人翁精神的核心客户
八	当前对于未来服务的想法是错误的	建立不断学习、创新、改进的敏捷组织

必须明白的一点是还有很多工作亟待完成。仔细看看附录中有关全世界生产力以及工作满意度的数据可以发现，服务业领导者在承担这些重大责任方面还有所欠缺。服务业生产力的增速落后于制造业，工作满意度也达到历史最低。

简而言之，管理层有权力也有责任提高服务质量和生产力，同时提高工作满意度、员工敬业精神和股东权益。培养“双管齐下”的思维，拒绝流行的权衡取舍思维，并为员工、客户和投资者带来多赢的结果。本书的内容就是关于过去行之有效的方法和未来的可行之策。

依赖于杰出服务业领导者的故事将带来风险，但是我们愿意承担。本书故事中的一些领导者虽然付出很大的努力，拥有不错的想法，但他们的企业还是经受不住时间的考验。例如，在我们写作这本书时，本书中提到的一位领导者——Gary Loveman，宣布他将辞去恺撒娱乐（Caesar's Entertainment）的首席执行官一职。在根据开创性的想法和实践制定服务战略之后，他发现恺撒娱乐因私募股权公司的金融工程而陷入破产。该公司高价购买了恺撒娱乐，并渐渐使其负荷了很多债务，以至于它成功的概率大大降低。一位观察家这样评论 Loveman 的决定：“他做出这一决定的原因之一是，他在资产负债表上花费的时间比他想的要多得多。”① 诸如此类的情形未来无疑

① Kate O'Keeffe and Josh Beckerman, "Caesar's CEO Will Step Down," *Wall Street Journal*, February 4, 2015, http://on.wsj.com/IBYc5pk.

会再次出现，但在这种情形下，不管结果如何，都不会减弱我们对这些企业践行这些举措的赞赏和钦佩之情。

我们了解过去那些促成服务举措获得成功的因素。我们已经观察并记录了有效的服务原则，甚至提出了一些服务管理概念，这些概念已经经受了长期的实践检验。然而，显而易见的是，20 世纪 70 年代和 80 年代服务管理取得成功所需的条件与现在有许多不同之处。尽管许多问题与过去并无二致，但如今管理层必须对未来服务行业面临的挑战保持敏感的反应。我们的目标是，借助阐释杰出人物的理念和行为，为读者们提供当前及未来获得成功的洞见。

在每一个服务行业，目前都有一到两个组织——突破性的服务组织——在引领着行业。它们为未来的卓越服务提供了蓝图。若要效仿它们的做法，我们首先需要了解领导一个突破性的服务组织有多么与众不同！

第一章
领导突破性的服务组织有所不同

杰出服务业领导者应知：

领导突破性的服务组织有所不同

杰出服务业领导者应行：

采取措施确保持续提供令人难忘的服务

2001年，Robert Nardelli离开了通用电气（General Electric，GE）公司，成为家得宝（Home Depot）公司的首席执行官。在此之前，这家家居装修零售商面临着增长放缓的困境，Nardelli的接任使人们对家得宝抱有很高的期望。毕竟，Nardelli曾带领通用电气的多项制造业务获得巨大成功。

在家得宝，Nardelli发现商店配备了知识渊博的全职员工，有时超过了必要数量。于是他开始着手招聘更多兼职人员，以便根据客流量模式调整零售雇员的规模。其中有许多兼职人员在家居装修方面的专业知识较少。不过，Nardelli此举却事与愿违，客户们很快便发现他们最喜爱的店员不见了。没过多久，Nardelli也离开了家得宝。

Nardelli发现领导服务业企业不同于领导制造业企业。在制造业中，如果工厂劳动力过剩，裁员就是一个简单的解决办法，消费者很少会意识到变化的发生。但在家得宝，消费者的确注意到了这一点。事实证明，领导一个服务组织确实与他之前的工作大不相同。实际上，领导一个突破性的服务组织与领导其他组织存在着许多微妙的差异。管理者若不了解这一点，即使在其他领域富有经验，也将面临真正的挑战。

何为突破性的服务？

判断一项服务优劣的标准是十分主观的。首次探究服务突破和实现这些突破的组织时，我们这样定义突破性的服务组织：

> 在每一个服务行业中脱颖而出的一到两个组织……这些组织似乎突破了某种无形的“声障”，成功穿过障碍物前的湍流，进入相对平静、平稳的区域。在这一过程中，管理举措产生了令人意想不到的效果，常常超出通常的预期。这些组织改变了所在行业竞争的基本规则。[1]

根据我们近年来的经验，本书能够对上述这一含糊但具有启发意义的定义做出进一步的补充和完善。要做到这一点，需要了解为客户、服务客户的员工以及投资者创造价值的方式。

---

① James L. Heskett, W. Earl Sasser Jr., and Christopher W. L. Hart, *Service Breakthroughs*: *Changing the Rules of the Game* (New York: The Free Press, 1990).

价值是这一问题的中心

当我们与消费者、商业客户甚至社会服务对象谈论价值时，会反复涉及四个话题：（1）从产品和服务中获得的结果；（2）获得这些产品或服务过程中的体验的质量；（3）获得这些产品或服务的成本（不同于价格）；（4）价格本身。这四个方面共同构成了“客户价值等式”[②]：

$$客户价值=\frac{结果（或解决方案）+体验（或过程）的质量}{服务的价格+获得服务的成本}$$

当结果和体验的质量提升时，客户价值也随之提高。当服务的价格或获取服务的成本增加时，客户价值则降低。

最近的研究探讨了在客户价值等式中，结果（服务内容）与体验（服务方式）对客户的相对重要性。研究的结论是，当客户亲身体验服务，或在接触服务后立即对服务进行评价时，体验对客户的价值感知有更重要的影响。否则，客户的价

---

② 有关客户价值等式的一些最早期的文章探究了结果（效用）和过程（客户体验质量）对服务感知的影响。例如，可参阅 Mary Jo Bitner, Bernard H. Booms, and M. S. Tetrault, “The Service Encounter: Diagnosing Favourable and Unfavourable Incidents,” *Journal of Marketing*, January 1990, pp. 71-84。这篇文章影响了我们在以下书籍中对客户价值等式的概念表述：James L. Heskett, W. Earl Sasser Jr., and Leonard A. Schlesinger, *The Value Profit Chain: Treat Employees Like Customers and Customers Like Employees* (New York: The Free Press, 2002), p. 26。

值感知更有可能受到他们意识到的服务结果的影响。[3]

客户价值等式体现了近三十年来 Leonard Berry、A. Parasuraman 和 Valerie Zeithaml 对服务质量这一话题展开的广泛研究。他们早期开展了一项基于 16 个焦点小组访谈的研究，得出了一些研究结论，比如：客户的预期以及客户价值等式中每个维度超出或达到这些预期的程度决定着客户对服务质量和价值的总体评价。[4]

员工价值等式是根据研究和员工访谈得出的，也可用类似于客户价值等式的形式表述。[5]

$$员工价值=\frac{\frac{业务}{使命}+提供结果的能力+工作场所质量}{\frac{1}{总收入}+获取收入的成本}$$

提供价值的组织给员工提供了一个前来上班的理由（组织活动的本质——它的“业务”——以及它的使命）。这些组织为员工提供个人发展的机会以及经常性的反馈，为有价值的

③ Aruna Divya T. and Swagato Chatterjee, “The Journey or the Destination: Asymmetric Impact of Process and Outcome on Service Evaluations,” Working Paper No. 478, Indian Institute of Management, accessed February 23, 2015, on papers. ssrn. com.

④ A. Parasuraman, Leonard L. Berry, and Valarie A. Zeithaml, “Understanding Customer Expectations of Service,” *Sloan Management Review*, Spring 1991, pp. 39-48.

⑤ 例如，可参阅 Charles Duhigg, *The Power of Habit: Why We Do What We Do in Life and Business* (New York: Random House, 2012)。对于员工价值等式更深入的讨论可见 Heskett, Sasser Jr., and Schlesinger, *The Value Profit Chain*, pp. 157-158。

客户提供解决问题的更大自主权，以及提供一切有助于提高员工交付结果的能力的要素。工作场所的质量取决于以下因素：管理者的“公平性”(上司是否及时并合理地雇用、认可和解雇员工)、工作场所中其他同事的工作质量，以及工作表现优异得到认可的程度。高工资、获得工作的容易程度以及工作的连续性都有助于提升员工价值。这就是工资在分数的分母中为何表现为“1÷总收入”的形式；如果以这种方式计算，收入越多，员工价值也就越高。

三个价值等式中的第三个——投资者价值等式——普遍被认为是投资回报。

$$\text{投资者价值} = \frac{\text{收入(客户单价} \times \text{单位)} - \text{支出}}{\text{对服务的投资额}}$$

这三个等式是相互关联的。在其他条件相同的情况下，投资者的收入越高，意味着客户面临的价格越高、客户价值越低。类似地，当其他条件相同时，投资者的支出越少(如果这些削减的支出来自员工福利的减少)，意味着员工价值越低。但是，如果有一项新的政策或举措能够以较低的成本获得更佳的结果，同时产生足够的利润，为客户、员工和投资者创造超常的价值，那么就无须再进行这种零和权衡。以上就是本书的大致内容。

突破性服务的再定义：服务业三连胜

我们观察了成百上千家经营中的服务组织，目睹了那些行之有效或无效的做法。我们确信突破性的服务包含以下内容：

1. 同时为客户和员工提供令人满意的结果以及高质量的体验。

2. 为客户提供高价值（但未必是低成本）的服务。

3. 为员工和投资者提供在行业内相对较高的回报。

以上三点可以被视为杰出服务设计与交付的三连胜。

突破性的服务还有另外一个共同特征：它们都改变了全球服务行业的运行规则。这一点正是它们最振奋人心的地方。因此，了解如何设计和领导这些突破性的服务是十分重要的。

杰出服务业领导者应知：恰当的服务接触

事实证明，有不少管理方法适用于所有机构。然而，卓越的服务管理依旧有其不同之处：一方面是面临的挑战难度，另一方面则是解决这些挑战需要优先考虑的重点。

服务行业的工作涉及人际关系，与其他行业的工作相比需要更多的人际交往技能。与大多数制造业工作不同的是，许多服务岗位需要工作人员在服务接触中与客户保持联系。[6] 在许多服务行业中，服务的生产和“消费”是与服务的“交付”同时进行的。因此，服务人员能够看到客户的反应，并从中体验

⑥ 有关这一主题的论文汇总可参阅 John A. Czepiel, Michael R. Soloman, and Carol F. Surprenant, eds., *The Service Encounter* (Lexington, MA: D. C. Heath, 1985)。

到满足感。在消费者眼中，个人服务提供者的技能和态度在重要性上不亚于企业和品牌。服务人员是影响客户购买决定的重要因素。即使在一些没有那么多个人接触的服务行业，例如零售业及交通运输业中，服务人员依然在很大程度上影响着客户的忠诚度。例如，在服务差异化很小的航空业领域，乘客们在时间和行程允许的情况下，常把西南航空的员工（在航空通讯之类的杂志上总是强调顾客和员工）列为他们选择该航空公司的首要理由之一。

服务接触常常需要与客户进行面对面的互动，为客户提供定制化服务，以及与客户共同创造服务。

面对面接触客户的需要

需要面对面与客户接触的服务——例如医院、娱乐、专业服务、教育、个人服务和医疗保健——常常需要把员工安排到各个区域，以便其为客户提供便捷的服务。因此，一些服务机构可能会进行组织形式相对复杂的多地点运作。管理者需要确保能通过一个多层次的组织进行有效的沟通，尤其是在变革正在实施的时刻。他们可能还需要处理房地产问题，以安置分散在四处的服务人员。

定制化的需要程度

有些服务适合较低的定制化程度。例如，在多伦多的肖尔代斯医院（Shouldice Hospital），外科医生用一种久经考验的方法来医治疝气，这种治疗方法的质量（极少有需要再次修复的手术）远高于北美医院的平均水平。这里的员工之所以被雇用，主要是因为他们乐于在这样的环境中工作。他们享有稳定的工作日程以及工作与生活之间的平衡，但他们在工作上却几乎没有自由发挥的余地。容易感到厌倦的外科医生是不适合在肖尔代斯医院手术室里工作的。

同在医疗服务业的克利夫兰诊所（Cleveland Clinic）需要的则是那些对研究感兴趣，并且能在治疗病史和需求各异的患者时做出正确判断的外科医生。创新是这家机构许多专家的岗位职责说明中的重要部分，这就要求服务提供者发挥判断力为不同患者定制治疗方案。

这两家机构都实现了盈利，因为它们谨慎地雇用员工并且为员工提供良好的培训和支持系统，并根据需要给予他们更多（克利夫兰诊所）或更少（肖尔代斯医院）在服务接触中运用个人判断力的自由。这些做法确保同时为患者提供优质的服务结果和体验，达到了突破性服务的标准。

共同创造结果

肖尔代斯医院的病人非常积极地参与服务的共同创造。[7]他们自己进行诊断，如果有必要的话还自行控制饮食以达到医

⑦ 可参阅 James L. Heskett and Roger Hallowell, “Shouldice Hospital Limited (Abridged),” Harvard Business School Case No. 805-002, 2011。

生为患者做手术规定的体重限制。手术前患者自己刮胡子，术后负责自己的康复，为其他还未动手术的病人提供咨询。这些都有助于肖尔代斯医院将成本降至最低，使医生与患者之间有更多的互动，同时也使医生承担更少的琐碎工作。这样的服务运营提高了病人对服务过程及结果的参与热情，同时也要求管理层雇用和培训那些能够以和其他医院不同的方式与病人打交道的员工。

杰出服务业领导者应行

使客户满意且难忘的服务接触涉及若干决定性因素，而在制造业和其他活动领域内则不存在这些。服务组织正是通过重组和采取措施满足这些决定性因素，从而不断交付卓越服务的。这些决定性因素中最重要的一点就是客户忠诚度，尤其是在客户忠诚度不断下降的这个时代。

管理员工忠诚度

服务接触对许多服务组织的成功具有重要的意义，因此服务人员与客户之间保持关系的连续性受到高度的重视，而这种连续性需要建立在员工忠诚度上。高员工流失率提高了成本且降低了利润；相反，员工稳定留任能降低招聘与培训成本，维持高生产率，并为客户创造更优质的服务体验。因此，员工忠诚度应是服务组织未来业绩衡量中最重要的深层指标之一。

杰出的服务业领导者明白，员工的保留率会随着晋升机会的增加而提高。一些大型服务组织的管理者意识到一线工作的连续性对客户满意度和忠诚度的积极影响，所以他们尽力为最优秀的员工提供更多一线工作的晋升机会，使他们能更长久地为客户提供更优质的服务。

例如，全食超市的服务设计包含了所有的要素：严格的员工遴选程序，工作岗位上自主管理的权限，以及鼓励一线员工留任的福利措施。全食超市在全球、各地区、各门店甚至门店各部门层面都由团队进行管理。一个门店通常由八个团队组成，他们负责从食品制作到收银的所有事宜。经过30天的试用期后，新员工必须获得所在团队成员三分之二的赞成票才能留下——这代表着团队成员的认可（成员们都认为自己的选票将直接影响到他们的薪资和工作软环境）。团队成员自行设定门店各部门的“工资/销售额比率”或“商品价格/销售额比率”，并被授权自主决定如何实现这些比率（包括决定在当地购买哪些食物），其团队表现将决定他们得到的奖金数额。这样一来，团队经常需要思考如何增加销售额，以弥补劳动力成本的上涨。

同时，全食超市的首席执行官John Mackey所称的“倾向于信息完全透明化”的管理方式也促进了员工的发展。[8] 每个

---

⑧ John Mackey于2012年5月22日在一个以“理性资本主义”为主题的会议上的讲话。

团队成员都知道门店内其他团队的工作情况、其他门店的运营情况，以及所有员工的薪资。这些数据信息是团队进行决策的依据。员工每三年就有一次机会就公司薪资福利中的各项目（从社区服务的薪酬到健康保险的条款）进行投票。当员工工作满三年时，给予他们股票期权，以鼓励他们继续留在公司中。这些举措使得全食超市的全职员工在试用期后的离职率不到10%，远低于整个食品杂货业的离职率。[⑨] 因此，难怪全食超市经常被员工评为最佳工作场所之一，并且以优质的服务为客户所知。近年来，在所有大型食品零售商中，全食超市每平方英尺（1英尺=0.3048米）的利润是最高的。

降低客户感知风险：使服务看得见摸得着

客户常常担心他们看不见或感知不到的东西。使无形变为有形，使不可感知变为可感知，从而降低客户的感知风险是许多服务业管理者面临的一大挑战。[⑩] 这正是许多餐厅向食客开放厨房的原因。尽管食客们很少会真的借此机会近距离地观察烹饪过程，但开放式的厨房让他们相信管理层愿意展示厨房和厨师——他们没有在隐瞒任何东西。这也是为何如今的机场被设计成能让乘客看见飞机，这样做降低了紧张的航空乘客

---

⑨ John Mackey and Raj Sisodia, *Conscious Capitalism: Liberating the Heroic Spirit of Business* (Boston: Harvard Business Review Press, 2013), p. 90.

⑩ 例如，可参阅 Valarie A. Zeithaml, "How Consumer Evaluation Processes Differ Between Goods and Services," in *Marketing of Services*, eds. James H. Donnelly and William R. George (Chicago: American Marketing Association, 1981), pp. 186-190。

的焦虑程度，因为他们的焦虑与不知道飞机是否已到达或是否正在为登机做准备有关。

通过参照和推荐降低感知风险

不久之前，个人服务尤其是医疗服务的客户几乎得不到可以据以做出医疗决定的信息。他们的感知风险程度很高，因为他们看不到服务的执行情况，也难以衡量服务结果的质量。因此，他们常常把价格作为质量的替代品，对某些服务的价格不敏感，同时也使这些服务常常有很高的利润。

如今，当购买一项服务时，如果面临高感知风险，消费者常常会转向他们信赖的人寻求推荐。和过去相比，以互联网为基础的网络和商业网站打开了一扇通往更多信息的大门。Amazon. com、Yelp. com 和 AngiesList. com 等网站上的评论者十分活跃，一些衡量评论可信度的机制也正在被引入。因此，与以前相比，如今越来越多的人开始相信从清洁服务到医疗服务在内的一切推荐。社交网络和其他媒体能够快速便捷地交流信息，但信息的内容未必全部准确。未来，为了应对网络和媒体产生的影响，服务业领导者将会向客户提供更多的信息，提高信息的透明度。

管理客户体验及情感内容

服务组织常常需要负责为客户提供服务体验，这对服务业管理者提出了详尽的要求：定义、衡量并管理服务体验的各个要素，但是这些要素有时是无形的、不可见的。[11] 组织应该做到让客户在离开时对服务体验背后的品牌依依不舍，并忠实于品牌及其创始人。

相互竞争的服务组织经常会通过管理所谓的客户“情感内容”使自己脱颖而出。例如，梅奥医学中心的病人得到的不仅是专家的医疗诊断和治疗，他们很快还会意识到自己是一支医师团队的关注焦点，这些团队围绕着他们开展工作。例如，检查和预约的日程设计是为了尽量缩短病人的住院时间。除了治疗效果好，梅奥医学中心之所以闻名遐迩还有另外一个原因：善于为那些虽然没有预约成功，但是时间宝贵、在艰苦条件下长途跋涉而来寻求治疗机会的病人提供优质的服务。[12]

有些服务所涉及的客户“情感内容”的程度要高于其他服务，个人服务例如剪发和整形手术尤其如此——这些服务的结果是需要展示在公众面前的。“情感内容”程度高的服务还包括特殊家庭聚会的举办、女性内衣产品的购买，甚至每日的咖啡服务仪式，等等。在这些情况下，管理者必须明白一点：服务体验的质量与他们提供的服务结果同样重要。此外，管理者还必须确保服务组织雇用能够提供此类服务体验的员工，并鼓励他们展现这种能力。接下来，管理者必须构建一个能体现预

---

⑪ 例如，可参阅 B. Joseph Pine Ⅱ and James H. Gilmore, *The Experience Economy*, updated ed. (Boston: Harvard Business School Press, 2011)。

⑫ 对梅奥医学中心体验创造流程的更多描述可参阅 Leonard L. Berry and Kent D. Seltman, *Management Lessons from Mayo Clinic: Inside One of the World's Most Admired Service Organizations* (New York: McGraw-Hill, 2008)。

期体验性质的服务场景，并为员工提供必要的支持系统，从而提供完美的客户体验。这一切都要求管理者必须注重细节并根据预期的目标协调人员、政策、措施与技术。

以苹果零售店（Apple store）为例，苹果公司把年轻、精通技术、工作态度积极、善于与客户沟通的员工安排在干净、明亮、实用且令人兴奋的零售环境中。这样的零售环境体现了该公司所售技术产品的设计理念。所有员工都配备了苹果公司制造的手持设备，因此能够更有效地进行销售和客户服务——从检查库存到安排服务预约。结果就是苹果公司每年每平方英尺的销售额超过 6 000 美元——这在零售连锁行业是史无前例的。相比之下，苹果公司的销售生产率几乎是一直以来被视为零售生产力领军者的沃尔玛（Walmart）的 10 倍。

即便如此，服务业管理者也不能放手任由其发展。如果苹果零售店的生产力达到了极限，就会对客户体验产生负面影响（例如，由于人群拥堵或排队时间过长而使客户无法前来），那么苹果公司的管理层就需要考虑如何恢复服务体验。这是制造业管理领域所没有的一项复杂任务。

管理客户

西南航空的名誉主席 Colleen Barrett 曾告诉我们："乘客一旦搭乘我们公司的飞机两三次，他们就会不断回来光顾。"原因何在？西南航空是一家改变了全球航空业的航空公司。当乘客第一次和第二次搭乘西南航空的飞机时，该公司会对这些乘客进行“培训”。乘客们先是要熟悉西南航空的网站以购买机票和预订座位。接着，他们会经历一个有些不寻常的登机程序：座位是按照登机顺序先到先得，而不是被事先分配好的。登机后，将有机舱工作人员为他们服务，这些人中有很多都富有幽默感（性格是他们被聘用的要素之一）。有些乘客会因此觉得心情愉悦，而有些则有点儿反感。

那些只坐过一次西南航空的飞机的乘客经常会抱怨这种按顺序登机的程序以及不够严肃的员工，他们排斥这种对乘客进行“培训”的过程。而其他那些对此给予肯定反馈并且能够更充分地从这种服务中获益的乘客最终成了西南航空的忠实客户。

总部设在爱尔兰的瑞安航空（Ryanair）是一家廉价航空公司。和西南航空一样，瑞安航空也面临“培训”其乘客的挑战。瑞安航空的策略是对购买欧洲城市间基本机票（票价相对较低）的乘客提供尽可能少的服务，对基本航空运输之外的服务收取额外的费用。那些经验老到又有经济头脑的乘客会轻装出行，带少量行李或不带行李，自带食物，坐在空间不大的位置上。因为其他一切都将产生机票之外的费用。对于这一点，不熟悉瑞安航空服务的乘客要么弃而选择他家，要么习惯于此。

瑞安航空的商业模式被精神航空（Spirit Airline）效仿，后者是一家增长迅速且盈利的低成本廉价航空公司。精神航空的忠实客户显然将低票价视为高于其他一切因素，包括值得信赖的服务在内；精神航空的准点到达率经常是行业中最低的。

它在行业内率先对一切服务收取费用，包括订票、托运，甚至选座服务。最近有报道称，精神航空的服务费占了公司总收入的41%，这是目前业内最高的。[13] 搭乘精神航空的资深乘客深谙套路，并会相应地采取行动。而新的乘客则在等着接受教训。即使是瑞安航空的首席执行官 Ben Baldanza 也承认首次搭乘瑞安航空的乘客了解惯例的重要性。他提到，"你不能浑浑噩噩地经历这些过程"[14] 。

以上是一些服务组织管理客户（和客户预期）可能较为极端的例子。突破性服务的领导者明白培训客户的重要性，因为客户经常需要和服务人员共同完成服务。两者的合作形成了一个能使客户获益的竞争优势——以低成本共同打造优质服务（具体取决于客户个人如何定义优质服务）。在许多情况下，服务业领导者需要特别注意谨慎地雇用和培训员工，使其能够"培训"和管理客户，与客户共同创造服务结果。

管理服务质量："第二次时把事情做对"

在制造业中，质量管理强调"一次就做对"——如果这句话中所涉及的产品是飞机零部件且制造商是波音公司，那么这一点就尤为重要。"一次就做对"已经成为许多制造业管理者的口头禅，主要是因为"一次就做对"能够节约很多成本费用。

---

[13] Jad Mouawad, "The Frills Are Few. The Fees Are Not," *New York Times*, June 1, 2013, p. B2.

[14] 同上。

在医疗护理这类服务中,“一次就做对”是非常重要的。然而就大多数风险没有那么高的服务而言,做到事事完美却往往不会引起人们的注意。如果服务补救特别有效并令人难忘,那么“第二次时把事情做对”通常会使客户更满意。[15] 例如,想一想上次餐厅弄错了你的订单,于是免收了甜点的费用。这说明为什么在服务行业的大多数管理者看来,服务补救比“第一次就做对”更重要。和第一次就做到完美的服务相比,有效的服务补救通常会给员工以及客户带来更大的喜悦。“第二次时把事情做对”把服务人员塑造成英雄般的形象。有效的服务补救加上英雄般的服务人员产生的最终效果代表着一种服务的突破。

管理初级员工

最有效的服务补救发生在最接近客户的服务工作一线,由一线服务人员执行。在这种情况下,组织常常需要赋予初级员工不同程度的自由度来采取补救措施,某种程度上这意味着将工作委托给那些或许初入职场的年轻人。除非这些员工经过严格招聘、受过专业培训并且有支持系统协助,否则服务补救可能会有风险。

迪士尼的员工中有一半以上是初入职场的新人。公司必须

---

⑮ 可参阅 Christopher W. L. Hart, James L. Heskett, and W. Earl Sasser Jr., “The Profitable Art of Service Recovery,” *Harvard Business Review*, July-August, 1990, pp. 148-156。

主要依据待人接物的态度挑选员工，提供培训，让他们明白工作——不管是在“舞台上”还是在“后台”——中的要求，以及准时、可靠和仪表的重要性。迪士尼制定了明确的员工守则，例如有关胡须以及发型的规定。迪士尼不允许任何员工在没有装扮完整的情况下出现在“舞台”上。每个岗位也都有相应的行为准则。结果就是，参观迪士尼主题公园的游客能够享受到举世闻名的令人难忘的服务体验——而这些服务人员大多是刚离开校园的年轻人。[16]

迪士尼面临的挑战并不罕见，发达国家的绝大多数青年都是通过服务部门进入劳动力市场的。这使得服务业的管理层肩负着特殊的责任——让这些员工对服务业有良好的第一印象，从而能够更好地为社会服务。

在多地点组织内部推广最佳做法

虽然多地点管理不是服务业所特有的，但没有一个制造业企业在需要管理的经营地点的数量上能和大型快餐连锁店或银行相比。服务业的多地点管理可能需要动员数百位部门经理进行监督，组织里的中层主管负责将重要信息传达给直接面向客户的员工。这或许解释了为何许多大型零售商都认为，只要有90%的零售商店能够收到有关销售规划、商店布局和货架外观

---

⑯ 可参阅 N. W. Pope, “Mickey Mouse Marketing,” *American Banker*, July 25, 1979, pp. 4-14; “More Mickey Mouse Marketing,” *American Banker*, September 12, 1979, pp. 4-14。

的指示，并正确地遵照指示行动，就算万幸的了。如果觉得这些还不够复杂，试想一下实施管理战略调整的情况。无论这种情况发生在美国银行（Bank of America），还是发生在澳大利亚主要银行之一的西太银行（Bank of Westpac），实施新的变动都将涉及大量人力，因此信息需要一级级如瀑布般往下传达直至服务一线。

尽管面临各种挑战，但多地点经营也蕴含着发展的机遇。突破性的服务组织可以利用服务结果的测量和对比数据的传播发挥多地点经营的优势。多地点管理也为各地点间的友好竞争创造了机会，鼓励基层开展低风险实验并分享最佳做法。

如今，政府正在鼓励所有行业寻求最佳做法。例如，不同医疗组织在不同的医疗流程中成功率各不相同。在美国，获取效果相当的医疗服务，病人缴付的医疗保险费用在同一州内可以相差近一倍。[17] 意识到这一点后，美国于2010年颁布的《患者保护与平价医疗法案》设立了医疗保险和医疗补助创新中心，“以检验新型支付和服务交付模式，目的在于降低医疗保险系统的支出”[18]。这当中暗含着一个假设前提：特定类型的医院之间有足够的相似性，因而管理者与医务人员能够交流和分享最佳做法。

---

⑰ 例如，可参阅 Atul Gawande，“The Cost Conundrum：What a Texas Town Can Teach Us about Health Care,” *New Yorker*, June 1, 2009, pp. 36-49。

⑱ Patient Protection and Affordable Care Act, Title Ⅲ, Section 3021, p. 712. 法案条款摘要可见 http：//www. healthcare. gov/law/timeline/full. html。

管理看不见的工作人员和工作

大部分的制造业工作是由大批工人在生产场所里协同完成的，各级管理者能够见到、接近并监督这些员工。但是许多服务业管理者却不具备这种见到和接近员工的便利条件。有些管理者必须管理分散在各处——有时甚至是在一些偏远地区——的服务工作，这些地区仅有一两名员工，并且因为管理成本高而无法对其进行监督。因此，突破性的服务业管理者面临着管理看不见的工作人员和工作的特殊挑战。

斯伦贝谢（Schlumberger）是全球领先的国际石油行业服务供应商，其工程师就是一个例子。斯伦贝谢为客户提供电缆工程服务，这项服务对于勘测和评估世界石油储量至关重要。在偏远地区单独或二人结伴作业的工程师需要负责公司委托他们护理的配置昂贵的钻井设备。公司无法对已招聘来的工程师的工作进行日常监督，只能依靠前期招聘时雇用技术和态度都合适的工程师。这些工程师即使在经常令人感到孤独的环境下工作，也能使监督人员感到其值得信任。

欧艾斯（ISS）是一家总部位于哥本哈根的全球清洁、餐饮和其他设施服务的供应商，拥有一支低薪的清洁人员队伍。这些员工常常在夜晚加班，独自或以小组的形式工作。他们的服务质量是难以测量的（怎样才算足够清洁?）。尽管欧艾斯面临的工作风险不像斯伦贝谢及其客户那么大，但公司的管理层同样需要谨慎地招聘和培训员工。

管理总经理

制造业一直沿用根据职能部门划分的组织形式，而服务组织则与之不同，尤其是多地点运作的服务组织。服务组织需要在操作单元层面，尤其是最基层的管理层面对业务、销售和人力资源进行协调管理。这样的结果就是，许多服务业管理涉及多个职能部门的综合管理（见图 1-1）。管理学者认为，界定综合管理的一项标准是对组织中的多个职能部门负有管理责任。如果情况如此，那么许多服务组织都有必要培养大量与客户紧密接触的总经理。在服务领域，组织的总经理管理着多位分公司总经理是一项常规，而不是特例。

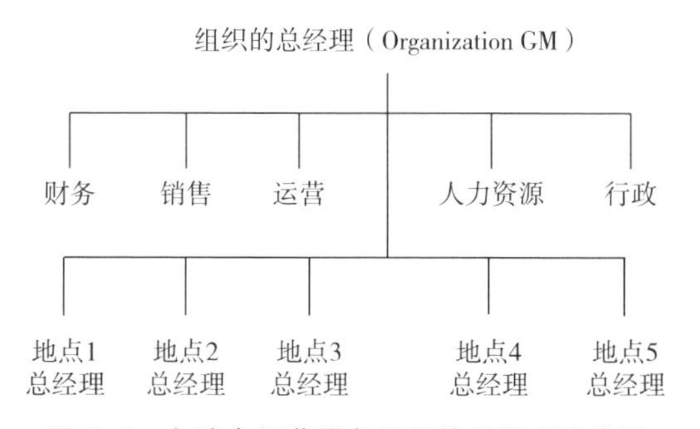

图 1-1　多地点经营服务组织的总经理结构图

对结果的衡量与管理

突破性服务的管理者与制造业企业的管理者在业绩的衡量标准上也存在差异。生产制造的管理侧重生产率、产品质量

（由生产者评估）、单位生产成本、安全性及准时交货率。而服务管理关注的是员工敬业度和忠诚度、服务质量（由客户感知）和客户忠诚度，这些常常是用来衡量服务的平衡计分卡的组成要素。

（不）为服务类型匹配战略

把服务泛化将不可避免地导致过于简单化，不同服务之间的差异也许和服务业与制造业活动之间的差异一样大。服务行业极为多样化，以至于无法对其进行简单的描述。例如，发型师的工作（高度个人化、面对面接触、客户难以事先评估、需要高度的信任并且由客户提供一定的信息）与电视网络（向拥有多种选择的观众同步播放）是否具有可比性？与其对服务进行一一比较，不如根据几项重要特征对它们进行分类。

对此开展过研究的一些学者提出了几种服务的划分类型，每一种均包含不同的服务接触者和需求。其中，David Maister、Christopher Lovelock 和 Roger Schmenner 提出的服务业分类标准被证明是最有用的。[19] 他们提出的划分标准是服务的定制化程度、所需的客户接触程度和劳动强度——劳动成本在创造服

[19] 可参阅 David H. Maister and Christopher H. Lovelock, "Managing Facilitator Services," *Sloan Management Review*, Summer 1982, p. 22; Roger W. Schmenner, "How Can Service Businesses Survive and Prosper?" *Sloan Management Review* 27, no. 3 (1986), pp. 21-32。

务中的重要性。综合他们的想法，所有的服务都可以被划分为工厂服务（低定制化程度、低客户接触程度和低劳动强度，例如快餐）、大众服务（低定制化程度和低客户接触程度、高劳动强度，如包裹递送服务）、技术服务（高客户接触程度和高定制化程度、低劳动强度，如网上银行）和专业服务（高定制化程度、高客户接触程度和高劳动强度，如法律服务）。表 1-1 是根据 Maister 和 Lovelock 提出的基本服务分类做成的表格。

如表 1-1 所示，在招聘、选拔、培训、分配和奖励方面，每种服务类型都有其特定的目标和人力资源管理挑战。

表 1-1　各类型服务业企业的人力资源管理重要挑战

<table>
<tr><td colspan="2" rowspan="3"></td><td colspan="2">服务定制化程度</td></tr>
<tr><td>低</td><td>高</td></tr>
<tr><td>大众服务</td><td>专业服务</td></tr>
<tr><td>客户接触程度</td><td>高</td><td>招聘及选拔：广泛招聘，主要以人际关系技能和态度为标准
培训：在职培训，很少或几乎不提供后续培训
任务分配：无人值守的具体任务
薪资：中等，主要以工作时长计算
目标：最小化工作复杂度以及人员频繁替换需要的培训时间</td><td>招聘及选拔：严格选拔，主要以专业技术能力和人际关系技能为标准
培训：专业的在校学习、在职培训，定期更新
任务分配：给予特殊关注，促进个人发展
薪资：高，根据为客户创造的价值计算
目标：通过最小化离职率构建专业性</td></tr>
</table>

（续表）

		服务定制化程度	
		低	高
		大众服务	专业服务
客户接触程度	低	工厂服务	技术服务
		招聘及选拔：以基础知识、健康和态度为标准 **培训**：在职培训，有限的后续培训 **任务分配**：完成无人值守的生产任务 **薪资**：有差异，通常根据工作时长计算 **目标**：最小化培训成本和核心员工离职率	**招聘及选拔**：有选择性，主要以技术能力为标准 **培训**：选拔前培训，以技术为导向的前沿研讨会学习 **任务分配**：无人值守的特定任务 **薪资**：有差异，依据技术能力计算 **目标**：最小化离职率以提供技术专业性和连续性

资料来源：改编自 David H. Maister and Christopher H. Lovelock, "Managing Facilitator Services," *Sloan Management Review*. Summer 1982, p. 22, as shown in James L. Heskett, W. Earl Sasser, Jr., and Christopher W. L. Hart, *Service Breakthroughs: Changing the Rules of the Game* (NewYork: The Free Press, 1990), at p. 214。

把颜色涂出线外

上文介绍了类型各异的服务，每一种服务在组织、人员配置、培训、奖励、技术的使用和成本等方面都有不同的要求。传统观念认为，与这些要求匹配的战略才是最成功的。然而，也存在相反的论点认为那些突破服务类型图上传统界限的服务战略蕴含着真正的机会。例如，LegalZoom. com 一类的组织通过将专业服务转变为技术服务得以在竞争中脱颖而出。LegalZoom. com 并不直接提供传统律师式的法律建议，而是在线为用户的标准化问题提供低成本的法律文书和服务。里昂比恩（L. L. Bean）成功地将商品目录式零售从工厂服务变为一些人眼中的专业服务，其服务中心的雇员具备为电话购物或网上购物的顾客提供体育用品方面建议的能力。用幼儿园的比喻来说，这些战略是由那些敢于“把颜色涂出线外”（在规矩之外行事）的领导者们精心制定的。这些服务业领导者并不随大流，而是会想方设法突破服务业企业的传统界限。

应对不同的管理挑战

一项针对服务业各类企业管理挑战的研究得出了以下结论：服务业企业的管理者面临着一些共同的挑战，例如维持质量（首要问题）、员工招聘和培训等。[20] 但研究也发现，不同类型的服务业企业的管理者面临的难题存在显著差异。

例如，对于那些客户定制化需求高、与客户有较高接触程度但劳动力投入较少的大众服务而言，技术进步是最重要的管理挑战。典型的例子就是一些基于互联网的零售企业。相比之

---

[20] 这些研究最全面的综述可参阅 Rohit Verma, “An Empirical Analysis of Management Challenges in Service Factories, Service Shops, Mass Services and Professional Services,” *International Journal of Service Industry Management* 11, no. 1 (2000), pp. 8-25。在 Verma 的分析中，他采用了 Schmenner 1986 年的分类法。

下，对于那些客户定制化需求高、与客户接触程度高并且劳动力投入多的专业服务来说，提供“温馨的服务”是它们面临的一大重要挑战。

让我们回到基本问题上来

近四十年来，我们一直致力于探索突破性服务的创建和领导方式。我们观察了数以百计的服务组织，并试图从观察中总结经验。通过这些努力，我们提出了诸多在过去被广泛实施的理念。然而，诸如劳动力构成、新技术以及客户的预期和行为等方面的变化都将影响这些观点的适用性。本书第二章将研究这些变化带来的影响，并讨论伟大的服务业领导者如何构建能够交付结果的服务战略。

第二章

构建能够交付结果的服务战略

杰出服务业领导者应知：

客户购买的不是服务和产品，而是结果和体验

杰出服务业领导者应行：

聚焦在能够向目标客户提供结果和体验的少数因素上

一些组织不仅清楚地知道它们要向哪些人销售服务，更重要的是，它们也知道不应该向哪些人销售服务。私人银行在接受客户进入其投资委员会和管理项目时，对其可投资财富设有下限要求。李岱艾（TBWA）广告公司在设计和实施销售计划时天马行空，因而也就放弃了并不赞同这种理念的潜在客户。这些组织有明确的市场焦点，为此，非常值得坚持自己的底线。

越来越多的组织意识到其客户寻求的并不主要是产品或者服务，而是结果和体验。对于那些将服务纳入生产线，提供全套服务以解决实际问题的制造商来说，更是如此。通用电气航空（GE Aircraft）销售的不仅是航空发动机，更是这些发动机

的正常运行时间和生产率。正如本书提到的，IBM 几年前将其改革重心放在提供全球解决方案上。在一些情况下，这使得该公司可以为其客户运作完整的交钥匙数据中心。在另外一些情况下，这已经鼓励客户用 IBM 提供的云计算服务去代替他们的数据中心。

管理层往往专注于管理员工在工作上付出的努力。这相当于回到了时间与动作研究的时代，这种研究促进了企业按件计酬方式的产生。例如，在林肯电气（Lincoln Electric），办公室职员在午餐时间会一只手吃东西，另一只手不停地敲击打字机的同一个按键，从而获得工作报酬。相比之下，钢铁制造商纽柯钢铁公司（Nucor Corporation）的政策是，根据生产出来的符合质量标准的钢材数量向钢厂人员支付报酬，即以工作结果计酬。

突破性服务组织用结果和体验而非服务或产品来定义它们的业务。一旦员工经过精心挑选，且被给予合理的报酬，那么组织的管理就应更注重结果而非过程。组织认为这样就能以与组织战略和理念相一致的方式获得想要的结果。这就是突破性服务领导力。

也有一些组织将其成功建立在其运营战略和聚焦战略上。几年来，联合包裹（United Parcel Service，UPS）不会接受尺寸超过一定规格或者重量超过 70 磅（1 磅约为 0.45 千克）的包裹，因为这是一个司机和一辆联合包裹货车可以安全运输的最大值。两个司机的模式会打破重心，增加运营成本，降低联合包裹享有盛誉的品牌价值。这里重要的是更多地关注价值而非成本。为了实现这一点，联合包裹等公司寻求由工人、技术(联合包裹的货车设有空间合理的货架以及敞亮的透明车顶)或其他方式产生的运营优势。

其他的服务组织借助卓越的辅助系统可以加速成功。这些系统通常包括数据分析和沟通，以为决策提供依据。以美国大型零售商塔吉特（Target）为例，大数据使得该公司能够分析客户的购买模式，从而预测其消费行为。大数据甚至在这些客户本身意识到自己的这些迫在眉睫的需求之前就可以准确预测到潜在客户(比如孕妇）对于某些商品的特定需求。大数据可以对个人的消费模式进行精准详细的分析从而使得市场销售更具有针对性。除此之外，塔吉特也通过大数据预测客户需求，据此来挑选和存储商品，以确保客户购买成功。

市场重心、业务界定、运营战略和辅助系统综合起来就是所谓的战略服务愿景。[①] 若服务组织把握好以上所有或大部分的因素(其中既涉及客户和投资者，又涉及员工)，那么它们将继续重写各自行业的竞争规则。李岱艾、IBM、通用电气、纽柯钢铁、联合包裹和塔吉特都是在这方面做得很好的服务组织，宜家（IKEA）也不例外。

---

① James L. Heskett, *Managing in the Service Economy* (Boston: Harvard Business School Press, 1986), pp. 5-43.

宜家的战略服务愿景

当数以亿计的人，尤其是学生、年轻的单身人群以及新婚夫妇刚开始安家，考虑到家具的时候，他们就会想到宜家。[②]一些人甚至把他们自己称为“宜家人”，这意味着他们根据自己的品位和生活习惯反复考虑了许多，最终选择了宜家的商品。但在让客户自己组装家具方面，宜家并不总是领先者。宜家的战略服务愿景帮助我们了解了1943年起在瑞典的一个小镇上销售钢笔和牛乳软膏等各式各样低价产品的店铺是如何变成一家家居行业的全球供货商的。2014财年，宜家在27个国家的315个大型超市里销售了近200亿欧元的家具，净收益增加了11%以上。宜家是如何做到这些的呢？

市场重心

这么多年来，瑞典家具连锁店宜家的创始人Ingvar Kamprad和他的管理团队非常清楚宜家的目标市场，知道他们应该将自己的商品卖给哪些顾客。[③] 宜家可以为单身或者已婚的年轻人

---

② 本章的资料来源包括宜家公司的网站IKEA.com；Christopher A. Bartlett and Ashish Nanda, “Ingvar Kamprad and IKEA,” Harvard Business School Case No. 390-132, 1996; Youngme Moon, “IKEA Invades America,” Harvard Business School Case No. 504-094, 2004；以及下面引用的其他来源。

③ 2015年2月，88岁的Ingvar Kamprad已经放弃了掌控宜家品牌和日常运营的公司董事长的职位。

塑造不同的故事，在有限预算的基础上为他们打造新家。这些人几乎没有时间、耐心或是金钱去装饰自己的新家，也有可能他们对自己的品位没有信心。所以针对这些目标顾客，尤其是大学生、单身人士以及年轻的夫妇，宜家按令人难以置信的低价提供完整的基础套装。这是提供给那些想要在个人居所布置中加入自己创意的顾客的。他们可以在包括 9 000 种家具、迎合全世界各地人们需求的四种“风格组合”中任选一种或进行混搭选择。他们可能也是那些愿意出一部分力把采购的货物运回家里并组装的人。宜家公司的网站提醒我们，“宜家请求顾客像伙伴一样工作”。该公司的网站表明了“宜家想要让他们的顾客也加入进来”[④]。

当然，提到家具，并不是每一位顾客都想寻找合作伙伴，因而宜家并不适合所有人。有些人会批判宜家的单一性，正如一位专家认为，“宜家在美学上奉行功能极简主义”[⑤]。宜家的一位前员工在谈论公司时说，顾客多的时候在宜家的店铺中购物一天就感觉得了幽闭恐惧症。[⑥] 这就表明聚焦的销售战略就是要对喜爱和憎恶这类服务组织的人进行明显的划分。某些网站批判一些组织会为明确的目标顾客创造其想要的体验，同时排斥其他顾客，这也是具有明显的市场重心的情况。宜家也不

---

④ 参见宜家公司网站 IKEA. com。

⑤ Lauren Collins, “House Perfect: Is the IKEA Ethos Comfy or Creepy?” *New Yorker*, October 3, 2011, pp. 54-65.

⑥ Johan Stenebo, *The Truth about IKEA: The Secret Success of the World's Most Popular Furniture Brand* (London: Gibson Square, 2010).

例外。事实上，讨厌宜家的人甚至在脸书（Facebook）上称："宜家就是人间炼狱。"

众所周知，宜家并不会将其商品销售给某些顾客。该公司的管理层已经解决了大多数销售人员像躲避瘟疫一样躲避的问题：我们不向哪些人推销产品？因此，它已做到了把握市场重心。

服务理念：结果和解决方案

宜家旨在为潜在顾客提供独特的体验。宜家并不是销售家具也不是销售家庭布置服务。据其网站所称，宜家销售的是老百姓买得起的家居用品，为他们创造更美好的日常生活。这些是顾客们所寻求的解决方案，也构成了宜家的商业理念，即其服务理念。如果宜家销售家具的话，它就要和成千上万家家具店竞争。这些旨在为顾客提供一种生活方式的商品需要在同一个地方设计、制作并组装，从而那些不确定自己的设计品位和能力的顾客就可以真实地看到这些家具放在自己家里的样子。如果要确保人们负担得起这种生活方式，那么所有的商品在设计和制作的时候都必须考虑低成本。宜家正在做的就是证明高品质的生活并不需要很高昂的代价。它也创造了一种运营战略以支持自己的理念。

运营战略

顾客们的购物时间少，缺乏设计感，因而就会开车到距离很远的宜家商店。这些商店通常坐落在地价便宜的地方或者轻工业园区。他们会被带到商店的主通道（一路上都有明显的标记），不会错过任何商品，从起居室的家具，到卧室，最后到厨房。这场没有销售人员引导的“购物之旅”就是为了增加顾客们对自己设计能力的信心。每一个房间都被赋予了各种故事，迎合每位顾客的个性化需求。所有的价格标签都朝向左边，很容易看到。这些做法并不仅仅传承了创始人 Ingvar Kamprad 的管理思想，很多做法也减少了销售成本从而降低了价格。

该公司设计了运营战略，以低成本为顾客提供结果和体验，采用各种各样的手段创造压倒竞争对手的优势。这还体现在其他许多方面。例如，有意将设计风格限定为四个“风格组合”——流行、现代、北欧和传统，降低了不受欢迎商品的库存成本以及降价销售的风险。

许多顾客愿意承担运输和组装家具的责任。那么宜家就能够给顾客提供较低的价格，为他们节省费用。顾客自己运输和组装也使宜家商店的工作人员免于陷入因涉嫌损坏家具而产生的纠纷之中，这有助于保持公司在公平对待顾客方面的声誉。

辅助系统

针对装修新手的运营战略需要具备独特功能的辅助系统。首先，宜家的零售商店需要大面积的商品展销厅。这些设施本身旨在将家中安置这些家具和家装用品后的样子真实地展现在顾客面前。上文提到的主通道就被专门设计成迂回曲折的道路，让顾客感觉不到其长度，进而能够从容地（假设商店里面的顾客并不多）将所有装饰后的房间都浏览一遍。展销厅是按照人们通常装饰房间的顺序来排列的——首先是大件的家具，然后是一些配件和餐具。

宜家的运营战略要求保证顾客可以去大型的装货点，拥有将商品送到自己车上的装备以及充足的停车位。由于离市中心有一段距离的房产价格才能比较合理，因此预期的购物体验必须足以让顾客看到长途驾驶的价值。这就是宜家致力于为顾客们在购物的几个小时里提供宾至如归体验的原因。例如，鼓励顾客在店铺内用餐，特价餐比那些著名的快餐供应商提供的价格还实惠。这种做法也影响了店铺的布局和设计。

战略服务愿景和竞争优势

宜家针对特定几种款式和类别的商品的大量销售使其实现了良好的库存周转，从而达到与库存量是其两到三倍的竞争对手相同的销售水平。虽然宜家的管理层没有使用该术语，但它确实做到了具有高效的战略服务愿景，因为它做到了以下几点：

1. 界定了公司希望服务以及不希望服务的顾客，体现出了明显的市场重心。

2. 为顾客提供结果或解决方案而非产品或服务。根据结果或解决方案衡量业务。

3. 提出了一种为顾客提供结果的运营战略。他们认为这种战略价值 33 亿欧元，相当于宜家的利润，超过了宜家 2014 年为实现这些利润所付出的成本。它保持运营重点，同时更注重结果而非成本，从而在竞争中占据优势。

4. 提供了实现运营战略所需的辅助系统和资源。它的优越性体现在设施、布局、网络、位置和技术上。

优秀的服务业领导者必须为在整合和维持创新服务时出现的问题提供答案，包括下栏中列出的问题。

战略服务愿景各因素产生的问题

目标市场

- 我们的目标顾客是谁？请应用经济学、人口统计学和顾客心理对其进行描述。
- 目标顾客寻求怎样的结果？
- 与竞争对手相比，我们如何更好地为顾客交付（销售或租借）这些结果？
- 我们不为哪些人提供服务？
- 如何为顾客设定那些我们可以达到甚至超过的期望值？
- 如果可以的话，如何“训练”我们的顾客？
- 我们的价值理念（业务界定）如何清晰地传达给所有人？

服务理念

- 我们从事什么业务（从结果、解决方案和体验方面而不是产品和服务方面进行定义）？
- 我们交付以及不交付什么样的结果？
- 作为顾客体验的一部分，我们讲述的故事是什么？
- 如何向顾客保证我们可以交付结果？
- 我们如何获知在顾客眼中这些结果是否已经交付？

运营战略

- 运营战略如何实现向顾客交付结果比成本更重要？
- 运营战略在竞争中具有哪些优势？
- 如何保证这些优势是可持续的？
- 运营战略需要哪些人？这是否反映在我们的选择过程中？
- 哪种政策、做法和组织形式有助于使结果的影响大于成本？
- 如何保证运营战略的可扩展性和可持续性？

辅助系统

- 设施、网络和技术是否符合运营战略的需求？
- 这些辅助系统如何有助于提供强于竞争对手的优势？
- 采取哪些措施来确保辅助系统不会限制运营战略？
- 竞争对手可以在多大程度上复制辅助系统？
- 辅助系统为顾客和其他人提供哪些可感知的优质服务？

现在，想一想宜家的战略服务愿景中所有确保其顺利执行的要素，以及这些要素是如何相互结合的。这些是保险杠贴纸或简短的新闻文章无法描述的。它们为组织提供了各种竞争优势的来源，如表 2-1 所示。

表 2-1　宜家的战略服务愿景中的一些重要组成因素

目标市场	服务理念	运营战略	辅助系统
学生 年轻的单身人士 几乎没有时间、金钱和耐心装饰新家的新婚夫妇 愿意保留自己创造力的顾客 愿意与宜家合作以寻求低价的顾客	“为顾客提供其能够负担的解决方案，追求更好的生活” “为大多数人创造更加美好的日常生活”	高劳动生产率 用房间分类、“故事”和信息标签来替代销售人员 四个基本的“风格组合”=减少库存+降低成本 将高风险的运输和组装转移到顾客手中 低房地产成本 宾至如归的购物体验 盒装的、可拆卸的商品，使其可以放入私人汽车中	大型商店 商店的布局有利于进行系统化购物的设计 仓库和商店连在一起 城郊/乡村的地理位置 餐厅

战略服务愿景如何为顾客创造价值

战略服务愿景帮助组织聚焦一些重要的想法。但是，如果这些想法没有转化为给顾客带来的价值，那么它们本质上就毫无价值。就宜家而言，这种转化促成以更低成本为目标顾客提供更好结果和解决方案的方法。同时，公司也因此获得了竞争优势。正如第一章中讨论的那样，顾客方获得的结果可以从图 2-1的价值等式看出。

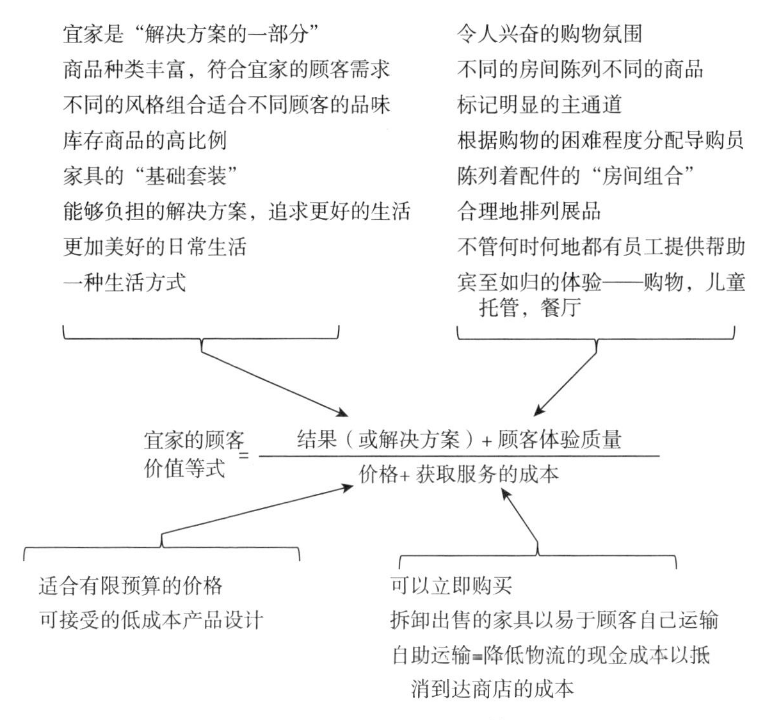

图 2-1　宜家的顾客价值等式

宜家为顾客创造的体验和价值对于公司的长期成功至关重要。但如果同样的想法不适用于员工，那么这种愿景注定要失败。它要求公司要用与对顾客相同的方式来对待员工。事实上，它将员工也视为顾客。

针对员工的战略服务愿景：内部品牌

许多服务组织与其制造业同行的区别在于它们雇用大量员工（宜家的员工超过 130 000 人），员工在创建和提供服务的同时与客户进行互动。生产和营销之间若缺乏员工这样的衔接，就会对负责制定和执行服务战略的人员提出极大的挑战。正如客户寻求结果和解决方案一样，员工也是如此。员工寻求的结果和解决方案包括其对工作的预期。这被称为“交易”的一方。[7]

潜在的员工们知道谁是最好的雇主。他们从朋友那里听说，访问网站，并了解有利或不利的宣传。所有这些都决定了通常所说的组织内部品牌的价值。拥有优秀内部品牌的雇主不需要在招聘上花太多工夫。西南航空有一年并没有在招聘方面付出很大的努力，但是其收到的工作申请超过 20 万份，而要招聘的职位却不超过 5 000 个。对于航空公司的管理层来说，首要任务是准确识别那些适合于其运营战略的人。就西南航空而言，这意味着找出那些体恤客户和同事，并且注重团队合作的人——因为这就是公司的运营方式。

通过明确表达组织的使命和价值以及“我们在这里是如何

---

⑦ 可参阅 Helen Rosethorn, *The Employer Brand: Keeping Faith with the Deal* (Gower: Farnham, UK, 2009)。

做事的”，让潜在员工自己选择该职业，从而组织可以留住最佳人才。例如，在宜家工作并不适合所有人，特别是那些寻求快速致富的人。但对于那些被宜家吸引的人——往往是那些渴望能够自由决定如何创新和实现目标的人——它经常被列入最佳工作场所名单。下面的专栏表明，宜家完全可以在那些根据员工的使命和工作理由获得员工的组织中占据一席之地。

在宜家工作的十大理由

（提示：坐头等舱旅行并不是理由之一）

1. 我们雇用合适的人才（“脚踏实地，勤奋工作，真正愿意共同努力”）。
2. 他们受到了激励（注：90%的员工知道他们在宜家工作的“原因”，其中80%的员工觉得自己“受到了激励”）。
3. 犯错是绝对可以的——真的。
4. 职位升降和平级调动。
5. 今天在瑞典，明天在中国。
6. 拒绝以自我为中心。
7. 努力工作会得到回报。
8. 自己摸索学习。
9. 友好的工作环境。
10. 真诚的人际关系。

资料来源：IKEA.com，2011年11月7日。

当一个组织未能达到员工预期时，可能会导致他们的忠诚度降低，人员流动率提高，决定加入工会甚至诉诸法律的员工数量增加。[8] 宜家也没能避免这些问题，它曾经被指控实行强制加班，其中一家店铺也曾面临是否设立工会的投票表决。虽然该公司的管理层似乎已经采取了纠正措施，但这些都对公司产生了警示作用，提醒其“交易”以及遵守交易的重要性。

注意宜家向员工承诺了什么，没有承诺什么。它承诺了有趣的工作，个人发展和国际工作的机会，善良、谦逊、被精心挑选的同事，以及一个庞大的社交网络。它并没有提到高额薪酬、专用车位或高级管理人员餐厅等，因为这些都不存在。宜家没有为员工创造不切实际的预期。

专注于挑选合适人才的组织让潜在员工在培训期间就决定他们是否适合这份工作，是否应该早点退出。Zappos. com 更进一步，采取了自动退出的激励措施，在培训过程中向学员们提供 2 000 美元的退出补偿费。[9] Zappos 的管理层认为这是对候选人动机的考验，值得花很多钱避免雇用错误的员工。正如第一资本（Capital One）的首席执行官 Richard Fairbank 所说：“在大多数公司，人们花 2% 的时间来招聘，花 75% 的时间来

⑧ 有关这方面的证据，可参阅 James L. Heskett 的相关深入研究：*The Culture Cycle*：*How to Shape the Unseen Force That Transforms Performance*（Upper Saddle River，NJ：FT Press，2012），pp. 151-167。

⑨ 可参阅 Tony Hsieh，*Delivering Happiness*：*A Path to Profts*，*Passion*，*and Purpose*（New York：Business Plus，2010）。

纠正他们的招聘错误。”[10] 向那些有才华并对“在这里做事情的方式”具有绝对热情的潜在员工推销组织要与向具有特殊特征和偏好的客户推销组织付出同等的努力。

宜家在向员工履行承诺、传达服务理念方面做得如何呢？一些线索可以帮助我们回答这个问题。从员工的角度来看，宜家的运营战略简化了他们的许多工作。例如，不太需要员工进行销售工作，因为商品上的“故事”标签已经帮助员工做了大部分的工作。这使员工可以将更多的时间花在有意义的活动上，比如根据具体的指示布置展销厅。

仓库的布局使购买商品更加方便，几乎所有商品都是盒装的，随时可以轻松搬运。设备便于操作并与物理设施兼容。

该公司的辅助系统旨在确保在仓库中有稳定的商品库存，顾客不会遇到缺货的情况。这提高了销售额和顾客满意度。向顾客成功交付结果有助于强化同事们对于公司的积极看法，即宜家是一个很好的工作场所。

员工价值等式

正如第一章中强调的那样，员工价值等式在服务提供中尤

---

[10] Mike McNamee, “Credit Card Revolutionary,” *Stanford Business*, May 2001, p. 23.

为重要。[11] 在宜家，基于员工访谈和调查，这个等式包含图 2-2 所示的要素。

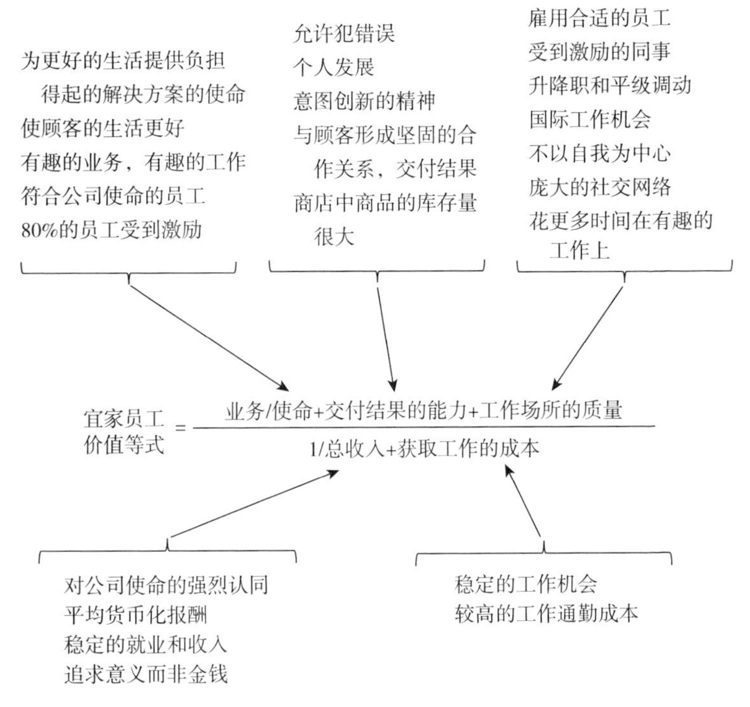

图 2-2　宜家员工价值等式

业务/使命和价值

刚开始构思员工价值等式时，我们忽视了业务和使命的重

---

[11] 有关员工价值等式的更多讨论，可参阅 Heskett, Sasser Jr., and Schlesinger, *The Value Profit Chain*, pp. 157-158。

要性。但之后的研究使我们改变了主意。我们现在更加意识到某些公司为什么可以给人们提供更有吸引力和目标感的岗位。这有助于解释为什么一些年轻人更青睐于某些行业。

同样，使命对员工也具有价值。它往往会影响员工对工作场所的选择，甚至会影响他们为了在那里工作而愿意牺牲的薪酬金额。

组织为员工提供的不仅仅是薪酬，更重要的是为他们带来价值。首先，组织为员工提供与他们相关联的业务活动（无论是营利性的还是非营利性的）以及员工相信的使命。公司的使命——公司存在的意义——是员工满意度的一个重要来源，因此对员工来说具有重要的价值。这有助于解释为什么杰出的人才会被许多非营利性组织吸引，如无国界医生组织（Médecins Sans Frontières，MSF），这是一个以法国为基地的致力于在灾区和饱受战争蹂躏的地区提供医疗服务的组织。此种利他主义传达了一种内心的使命感，这对有志于此的人来说是非常有意义的。

多年前，我们中的一员（Schlesinger）研究并提出了这样的观点，即要创造提供“金钱和意义”[12] 的工作。许多服务行业，如娱乐、航空、游戏和教育等，满足了员工在工作中寻求激情或意义的需求，但薪酬水平相对较低，特别是对管理者而

---

[12] Leonard A. Schlesinger, *Quality of Work Life and the Supervisor* (New York: Praeger, 1982), pp. 1-9.

言。对于教育行业的管理者和教育工作者来说，工作并不只是为了金钱，更多的是为了寻求意义。其他行业的员工为了金钱放弃了自己的激情。任何在比尔及梅琳达·盖茨基金会（Bill and Melinda Gates Foundation）工作的人都知道他们所获得的薪酬与其拥有的技能和能力是不成正比的。但与此同时，他们对从地球上消灭脊髓灰质炎和其他疾病的热情是无法抑制的。

组织的使命要能够吸引特定领域的最佳人才并激励他们热情而有效地工作。这并不是一个突破性的商业概念，因为美国最大的网上银行 ING Direct 在北美成立一家储蓄银行时发现了这一点。这家储蓄银行与别的储蓄银行不同，它的使命不仅仅是鼓励储蓄，更是通过降低银行成本带来更高的利率，“让美国人重新回归储蓄”。这主要是通过关闭传统的银行网点实现的。ING 的面试官指出，ING 的管理层在招聘时有意识地将其使命与其他金融机构（如信用卡发放机构）的使命区分开来——这些机构的目的是鼓励客户花钱而不是存钱。同样，谷歌（Google）的使命“组织和提供全世界的信息”是一项伟大的承诺，对于潜在的员工来说，这比提供搜索功能或销售广告更具激励性。它激励年轻的、有才华的、有创意的千禧一代加入谷歌的行列。如果说这些组织对其他组织有什么启示作用的话，那就是组织的使命在吸引员工方面与其业务同样重要。

员工价值等式中的其他因素

宜家提供的业务——“可负担的解决方案，构建更好的生活”——是员工价值等式的一个要素。其他因素包括个人发展的机会、经常性的反馈，以及为重要客户解决问题的更大自由度，这些因素有助于提高员工交付结果的能力。另外还有一些因素(比如工作场所的质量)，取决于上级的“公平性”（通常指的是经理是否及时招聘、认可和鼓励员工)、同事们的工作质量，以及良好的工作得到认可的程度。因此，对于员工而言，如果他们得到合理的总收入，付出较少的获得工作的成本，那么他们的价值就得以提升。获得工作的成本受到通勤的便利程度和工作连续性的影响。所有这些因素都在我们的示例公司——宜家的员工价值等式中得到了一定程度的反映。

应用于制造业的战略服务愿景

之前已经讨论过客户购买的是结果和解决方案而不是产品和服务。这使得许多制造商将其业务从产品制造重新定义为提供解决方案。西麦斯（CEMEX）是世界领先的水泥和混凝土制造商之一，现在向客户提供的解决方案包括机场跑道、高速公路和可吸收空气中污染物的水泥。通用电气医疗集团（GE Medical Systems）是造影扫描仪的制造商，通过远程监控其机器并派遣维修专家以确保产品功能的持续有效性，为医院提供可持续运作的机器。奥的斯电梯（Otis Elevator）为其制造和远程监控的电梯提供相同类型的解决方案。劳斯莱斯（Rolls-Royce）销售的是飞机发动机的正常运行时间，这要求制造商生产可靠的产品并确保及时地对其进行正确维护。正如Rogelio Oliva和Robert Kallenberg所指出的那样，这些策略将“针对终端客户的价值定位重心从产品效率，即产品是否正常运行，转移到客户使用过程中产品的工作效率和效果”⑬。

采用解决方案导向制造战略的组织不可避免地会将服务和制造看得同等重要。制造商会建立一家独立的服务公司，作为成本或利润中心运营。该战略还鼓励制造和服务管理部门协调运作，共同为客户提供解决方案。

这种战略基本上经历了几个阶段。首先，主要是交易导向，仅限于制造产品的安装和偶尔的修理。即使制造商可以根据客户的要求进行维护，维护责任主要还是由客户自行承担。当维护、修理以及保持产品正常运行的责任从客户转移到制造商时，这就变成了以关系为导向。租赁产品和销售维护合同的制造商则根本性地承担了这种责任。这使得客户和制造商获得相同的激励，对客户有利的就是对制造商有利的；反之亦然。在某些情况下，这种关系可能导致制造商对其生产的一种或多种产品承担运营的全部责任。必能宝（Pitney Bowes）是一家邮

---

⑬ Rogelio Oliva and Robert Kallenberg, “Managing the Transition from Products to Services,” *International Journal of Service Industry Management* 14, no. 2 (2003), p. 169. 他们研究的是处于提供产品及服务不同阶段的11家德国固定设备制造商。

件处理设备制造商，负责为大型组织进行内部邮件的处理。IBM 不仅仅提供硬件、软件或服务，同时也提供总体信息技术运营解决方案。

根据 Oliva 和 Kallenberg 的说法，这种转变会对制造商提出以下几个主要挑战：第一，他们需要经历文化转变，从重视制造思维和工程导向转变到同等重视服务和生产活动。正如他们的一位受访者所指出的那样，“设计价值数百万美元设备的工程师很难对价值 1 万美元的设备清洁合同感到兴奋”[14]。第二，与纯制造相比，这种战略通常需要开发一个全球基础设施，配置大量服务人员，往往分散在很远的地方，需要比工厂更多的监督。第三，需要进行大量投资，而且多年以后才可以得到并不确定的投资回报。

制造商向提供解决方案业务的过渡不可避免地会导致其从服务中获得更大比例的总收入。这一变化在 IBM 体现得最为明显，其全球解决方案部门以提供解决方案为重心，通常涉及数据中心的“交钥匙”运营或提供云计算功能。到 2011 年，IBM 的系统和技术部门（主要是制造产品）的业务收入仅占公司总收入的 18.5%。[15] 因此，全球解决方案部门的负责人 Virginia Rometty 成为 IBM 的第一位女性首席执行官，并非偶然。

---

[14] Oliva and Kallenberg, “Managing the Transition,” p. 161.

[15] S&P Capital IQ, 2014 年 7 月 29 日访问, www. capitaliq. com/。

制造业企业中服务地位的上升不可避免地带来如下问题，即服务是否应该被视为一项拥有其自身领导权和利润目标的独立业务。也许对该决定影响最大的是服务在多大程度上做到支持产品制造。在这种考虑下，企业可能有一个有力的理由保持制造和服务处于共同领导之下。但是，如果像 IBM 一样，在由服务和产品组成的解决方案导向型业务中，服务成为不可或缺的一部分，那么就有合适的理由为解决方案业务创建一个单独的利润中心。

战略服务愿景框架的持久性

战略服务愿景框架如今和我们第一次提出它时一样有效。正如宜家和其他企业所体现的那样，继续应用这一愿景的企业将进一步模糊制造业和服务业之间的界限，直到它们难以区分。企业将制定更多的战略，不仅关注产品制造或服务提供，而且关注为客户和员工实现价值。假设基准利润是公平分配的，这反过来将为投资者带来额外的价值。

竞争对手将越来越注重对员工和客户所寻求的结果及体验进行更加明确的评估。他们将在制定提供竞争优势的运营战略时更注重价值而非成本。这些战略需要设计辅助系统，以增强人们在运营方面取得突破性进展的能力。

战略成功中包含的风险

然而，有效实施这些想法的服务业领导者面临着某些风险。如果他们未能达到预期，他们就会面临特殊风险。例如，本章中的两家示例公司联合包裹和塔吉特，在2013年圣诞节期间就受到了公众的指责。由于未能满足网上购物者在本季最后几天所产生的大量快递需求，联合包裹受到了公众的严厉批评。塔吉特的信用卡信息被黑客攻击，加剧了客户对该公司的不信任。两家公司都必须采取特别措施来恢复客户对它们的信任。

同样，像“可负担的解决方案”这样的服务战略要素可能会让宜家之类的公司有广泛的空间去选择业务。然而，举例来讲，如果将销售家具的方式照搬到销售诸如食品之类的东西上，那么这些服务战略要素可能就是一种陷阱。宜家欧洲店铺出售的廉价肉丸被发现掺入了马肉，很明显就是因为缺乏管理知识。[16]

处置风险

优秀的服务业领导者已经设计出多种方法来应对突破性服务产生的风险。他们做的事情包括雇用自然地被组织吸引的卓

⑯ 参见“Horsemeat Found in IKEA Meatballs,” *USA Today*, February 25, 2013, www.usatoday.com/story/news/world/2013/02/25/horsemeat-scandal/1933037。

越人才，对这些人才进行培训，并使其达到组织所要求的高标准。请注意，这些方法通常不包括对员工提供服务的方式施加更多的控制。领导者认识到解决方案依赖于人才，而不是控制。正如本章后面要说明的，领导者在这些组织中的首要任务是确保员工取得成功后的自豪不会转变为他们与客户和其他人打交道时的傲慢，并且这种成功总是可以持续不断改进的。

展望未来

展望未来，我们相信最佳服务战略的设计将体现战略服务愿景框架中的要素，无论是以这个名称还是以其他的叫法。未来，这种理念将扩展到更多的组织，包括那些同时提供产品和服务，旨在为客户交付结果的组织。预计这种理念将越来越多地被应用到非营利性组织和政府组织的战略及管理中。

宜家是以家居装饰为中心，为顾客提供生活方式的供应商，它展示了战略服务愿景的元素如何结合起来共同创造卓越的成果。对某些人而言，这部分展示听起来像是在为宜家做广告。[17] 然而，我们更想传达一个观点，即战略服务愿景有许多变化的部分并会随着时间的推移而发展。（例如，宜家将家具拆卸后进行运输和处理的做法直到 1951 年才被正式化，

---

⑰ 我们其实与宜家没有任何关系。

当时是一名员工将桌子拆开以便将其放入汽车后备厢。）这也解释了为什么很少有服务组织能在各自的行业中脱颖而出。像宜家这样的组织会犯错误吗？当然。人们赞同它们所做的一切吗？并不是。但是，通过战略服务愿景思维，无论是不是这个名称，组织的管理者都能够将该战略中的要素调整到一致。

组织通过包含一个关系链的运营战略实现战略服务愿景，这个关系链被称为服务盈利链。在首次提出该战略的二十多年后，它是否还适用？它对未来的服务业领导者是否还有借鉴意义？这些是我们接下来要讨论的问题。

第三章

设计支持服务愿景的运营战略

杰出服务业领导者应知：

最佳运营战略不需要权衡取舍

杰出服务业领导者应行：

在设计运营战略时培养“双管齐下”的思维

每个行业中都有那么一两家经营得极为成功，同时还改变了全球竞争规则的企业。每一家这样的企业都展示出了各自深思熟虑的战略服务愿景。当你看到这些突破性的服务业企业，听到管理者的言论，观察它们如何践行设想时，你便会了解它们。[①] 尽管它们不一定是各自行业内最大的企业，但它们的确拥有一些相同之处。例如，“最佳工作场所”和“最佳客户服务”是突破性服务的两个重要方面，在这两个方面有突出表现的企业在排名上也呈现出高度的重合。事实上，《彭博商业周刊》（*Bloomberg Businessweek*）2009—2013年评选出的“客户服务冠军”有20%也被《财富》（*Fortune*）选入100家“最佳

① Heskett, Sasser Jr., and Hart, *Service Breakthroughs*.

工作场所”（剔除了两个排名列表中的制造业企业）（见图 3-1）。[②]

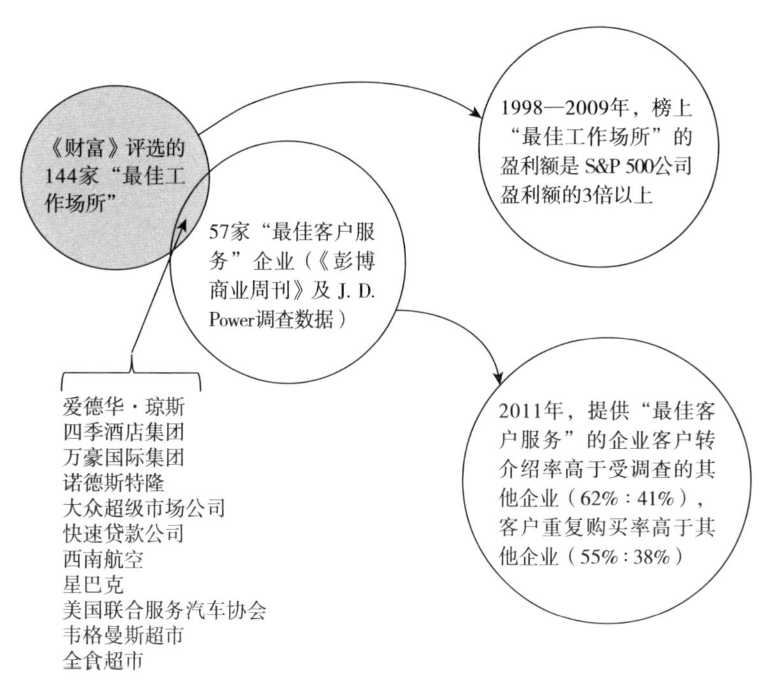

图 3-1　2009—2013 年美国“最佳工作场所”“最佳客户服务”企业和盈利能力间的关系

为了理解这一重合背后的意义，Michael Burchell 和 Jenni-

② 从 2009 年到 2013 年，以提供服务为主的企业占《财富》“最佳工作场所”调查排行的 86.1%。如果从列表中略去汽车公司（实际通过经销商提供服务），那么在“客户服务”排名上，“最佳工作场所”企业同样占非常高的比例。这并不奇怪，因为“客户服务”调查没有充分涵盖许多制造商提供的企业对企业（B2B）服务。

fer Robin 分析了《财富》公布的全美 100 家“最佳工作场所”，并得出以下结论：1998—2009 年间，榜单上的企业的市场收益是标准普尔 500（S&P 500）公司的 3 倍以上。[③] 另一项研究结论显示，提供“最佳客户服务”企业的客户更愿意将这些企业推荐给其他客户（比一般企业高出 21 个百分点，62%：41%）；这些客户的重复购买率也更高（高出 17 个百分点，55%：38%）。[④] 综合以上研究结果可以发现，这当中有一些值得服务业领导者关注的规律。

这些企业已经找到了制定杰出运营战略的方法，这些运营战略为员工、客户和投资者创造了巨大的价值。总的来说，它们采取的做法如下：首先，为员工创造价值，这种价值促使员工产生组织承诺和主人翁精神（主动采取行动实现企业目标），提升员工忠诚度，提高生产率，增加客户价值。这种价值反过来也会使客户产生相似的态度和行为，最终形成客户忠诚度——收入增长和盈利的最大促进因素。这些企业都使用由与企业成功有关的多项深层指标所构成的“仪表盘”进行管理。美国联合服务汽车协会（United Services Automobile Association，USAA）就属于以上所述的这类企业。

---

③ Michael Burchell and Jennifer Robin, *The Great Workplace: How to Build It, How to Keep It, and Why It Matters* (San Francisco: Jossey-Bass, 2011), p. 13.

④ J. D. Power and Associates, "Achieving Excellence in Customer Service," Press Release, February 17, 2011.

杰出的服务业领导者践行“双管齐下”的思维

驶出纽约北部的西点军校（West Point Military）大门时，我们发现右手边的第一座建筑并非酒吧、清洗店或理发店，而是USAA金融中心的大楼。正在接受训练的美国陆军军官很早就感受到USAA在他们生活中的重要性，有亲属在军队中服役的人可能更早接触到USAA。该公司主导着军人及其家属（有资格成为会员）的保险、投资和其他金融服务业务，军人及其家属客户数量约800万。USAA别出心裁的运营战略使其打败了这一市场的大多数竞争者；USAA在美国现役军官中拥有95%以上的市场份额。USSA是一家互助公司，这体现在低利润率以及对客户的折扣上。这样做的结果是，以低成本提供优质服务——换句话说，创造了非凡的价值。USAA的客户不必面临权衡取舍，以一物换一物。[5] 这就是所谓“双管齐下”的结果——既优质又低成本的服务。这是采用“双管齐下”的管理思维而非采用非此即彼的理念的结果。[6]

USAA的运营战略始于人事招聘，该公司的诸多管理者都是从其服务对象即军人当中招聘而来的。因此，公司管理层了

---

[5] 本着充分公开信息的原则，我们都不是USAA的客户。

[6] 这一理念的早期论述可参阅Jim Collins and Jerry Porras, *Built to Last: Successful Habits of Visionary Companies*（New York: HarperBusiness, 1994），尤其是第43—46页。

解客户的需求和顾虑。例如，USAA 不会回避与即将参战的军人做生意，而是建议他们提高人寿保险的金额。部队阅历铸就了军人态度——诸如忠于职守、忠诚和负责任等品质。这些品质对那些即将走上战场一同奋战的军人来说非常重要，同时也是服务岗位招聘的重要考量。USAA 也是根据这些品质选拔员工的，尽管其中许多人可能并没有在军队服过役。此外，USAA 也做了服务业领导者最能胜任的工作：清楚地表述公司的共同理念、价值观和行为以及提供工作所需技能的培训。

USAA 不仅为员工提供工作培训，也为他们提供生活上的培训。该公司拥有数千名员工，本来很有可能成为一个缺乏个性和人情味的工作场所，为了避免这种情况，USAA 开设了数百门主题广泛的课程以打造个性化的工作场所，甚至开设了一门课程让员工熟悉基础军事培训（其中包括俯卧撑），目的是使员工能更好地与公司客户建立联系。USAA 实行四天工作制，进一步强调了员工工作与生活平衡的重要性。许多管理人员利用第五天专注于更复杂的难题，这些难题在如今忙碌的工作环境中越来越重要。这些都有助于解释为什么 USAA 不仅经常出现在“最佳工作场所”（尤其是对女性而言）的排名中，而且在“最佳客户服务”企业的榜单上也时常夺冠或名列前茅（如图 3-1 所示）。

USAA 的支持系统是业内最精良的系统之一。例如，USAA 比竞争对手早几年建立了客户统一视图系统，使得一线服务代表能多屏检索和调用客户与公司的交易文件。如今，这类系统提供了高度的信息透明度，有助于确保管理人员和员工获得统一的客户信息。USAA 也因其在技术应用方面的创新实践而受到好评。

同样先进的支持系统还有精心设置的一线员工与客户间的互动脚本。例如，当客户打电话告知其遭遇车祸时，“伤员鉴别分类”流程便开始启动，这一流程使 USAA 深受客户喜爱。此时员工问的第一个问题是：“大家都没事吧？”这一问题既让客户感受到公司对其安全的担忧，也达到了客户分流的目的。涉及医疗伤害的事故由最有经验的 USAA 员工接手，而没有造成伤害的事故可以由经验较少的服务人员快速处理。这既节省了时间和成本，同时也提高了客户满意度。像 USAA 这样的突破性服务组织并不满足于只实现低成本或者产品差异化的战略结果。它采取能够产生“双管齐下 ”结果的做法，这种既/又的结果是那些奉行非此即彼战略的竞争对手无法企及的。

驱动“双管齐下”结果出现的因素——我们视其为深层指标——极为重要。一些最早研究这些深层指标的论著在员工和客户的满意度与忠诚度之间确立了联系⑦，而有些研究则是将

⑦ 例如，可参阅 Benjamin Schneider and David E. Bowen, “New Services Design, Development, and Implementation and the Employee,” in *New Services*, W. R. George and C. Marshall, eds., (Chicago: American Marketing Association, 1985), pp. 82-101; E. M. Johnson and D. T. Seymour, “The Impact of Cross-Selling on the Service Encounter in Retail Banking,” in *The Service Encounter*, J. A. Czepiel, M. R. Soloman, and C. F. Suprenant, eds. (Lexington, MA: D. C. Heath, 1985), pp. 225-239。

客户的忠诚度与盈利能力联系起来。[8] 虽然这些研究仅仅是将一种现象与另一种现象相联系，但也有一项比较全面的研究分析了其中的因果关系。这项研究表明，在服务组织当中至少有一个组织的财务绩效是由质量和“以客为本”推动的，而后两者又取决于员工的满意度和高标准。[9]

服务利润链和深层指标寻找

我们主要通过实地观察和数据分析寻找深层指标，在寻找过程中我们发现员工满意度、忠诚度、敬业度和主人翁意识是客户忠诚度、客户主人翁意识、盈利和增长的重要预测指标。[10] 几年前，我们把这种关系称为“服务利润链”，它描述了组织是如何将战略服务愿景（第二章）转化为利润与增长的。如图 3-2 所示，我们早期的研究得出了以下结论：这两个概念之间以重要的方式相辅相成。

---

⑧ 例如，可参阅 Frederick F. Reichheld and W. Earl Sasser Jr., “Zero Defections: Quality Comes to Services,” *Harvard Business Review*, September-October 1990, pp. 105-111。

⑨ David H. Maister, *Practice What You Preach: What Managers Must Do to Create a High Achievement Culture* (New York: The Free Press, 2001). 这项研究收集并分析了来自 29 家为客户提供市场营销服务的企业下属的 139 个办事处 5 500 名调查对象的反馈。

⑩ 这项研究结果最早公布于以下文章：James L. Heskett, Thomas O. Jones, Gary W. Loveman, W. Earl Sasser Jr., and Leonard A. Schlesinger, “Putting the Service-Profit Chain to Work,” *Harvard Business Review*, March-April 1994, pp. 164-174。

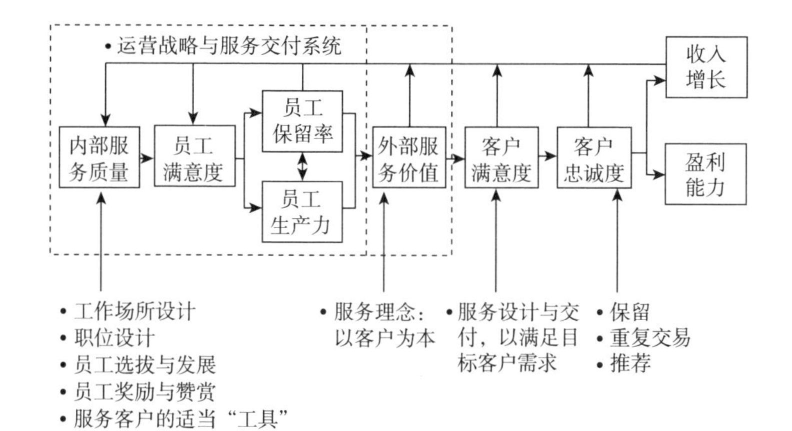

图 3-2　服务利润链 1.0 版

资料来源：James L. Heskett, Thomas O. Jones, Gary W. Loveman, W. Earl Sasser, Jr., Leonard A. Schlesinger. “Putting the Service Profit Chain to Work,” *Harvard Business Review*, 1994 (3-4), pp. 164-174, at p. 166。

服务利润链可以被视为探究管理仪表盘上深层指标的一次尝试。管理仪表盘有助于解释和预测一些组织取得“双管齐下”服务效果的能力。“深层指标”这一术语在这里指的是驱动其他事物的因素。就像丰田（Toyota）关于质量改进的 6 个“为什么”，深层指标是在我们多次询问“是什么”后找到的答案。例如，如果客户忠诚度是盈利最重要的驱动因素之一，那么是什么因素驱动了客户忠诚度？反过来，又是什么驱动了这一因素？诸如此类。

自从服务利润链的 1.0 版被提出后，我们将自己和他人的研究相结合，对服务利润链中“双管齐下”的管理仪表盘有了更加全面的认识（见图3-2）。[11] 利润链中所示关系的强度会随着组织和情况的不同而有差异。但我们相信，新的服务利润链展示了几乎所有类型的服务业务获得成功的深层指标。

在图3-3中，促成“双管齐下”服务结果出现的各要素主要从左向右依次发展，从影响工作环境质量的管理举措开始，过程中伴有各要素间的多次相互作用。这些要素进而导致一定的员工态度和行为，后者又决定着交付给客户的价值、客户的态度和行为，并最终决定财务指标。在许多方面，要素之间直接相互作用和相互促进。例如，盈利和增长是企业文化及其他运营战略要素正确性的结果，反过来又强化巩固了文化及其他运营战略要素的正确性。为了做出解释，学者们探究了服务利润链不同点上的关系并慢慢将他们的发现联系起来，帮助我们更深入地理解服务利润链。但盈利和增长仅仅是对现象的描述，并没有体现过程和方式。我们有一个实践性的目标，即帮助管理者构建可以用以解释和预测而不仅仅是描述的管理仪表盘。

---

⑪ 在图3-3中，通过黑线和箭头连接的要素是那些相对经受住验证性研究考验的要素。其他关系则较少受到管理者和研究人员的关注，尽管它们可能也对实际管理实践具有一定的影响。

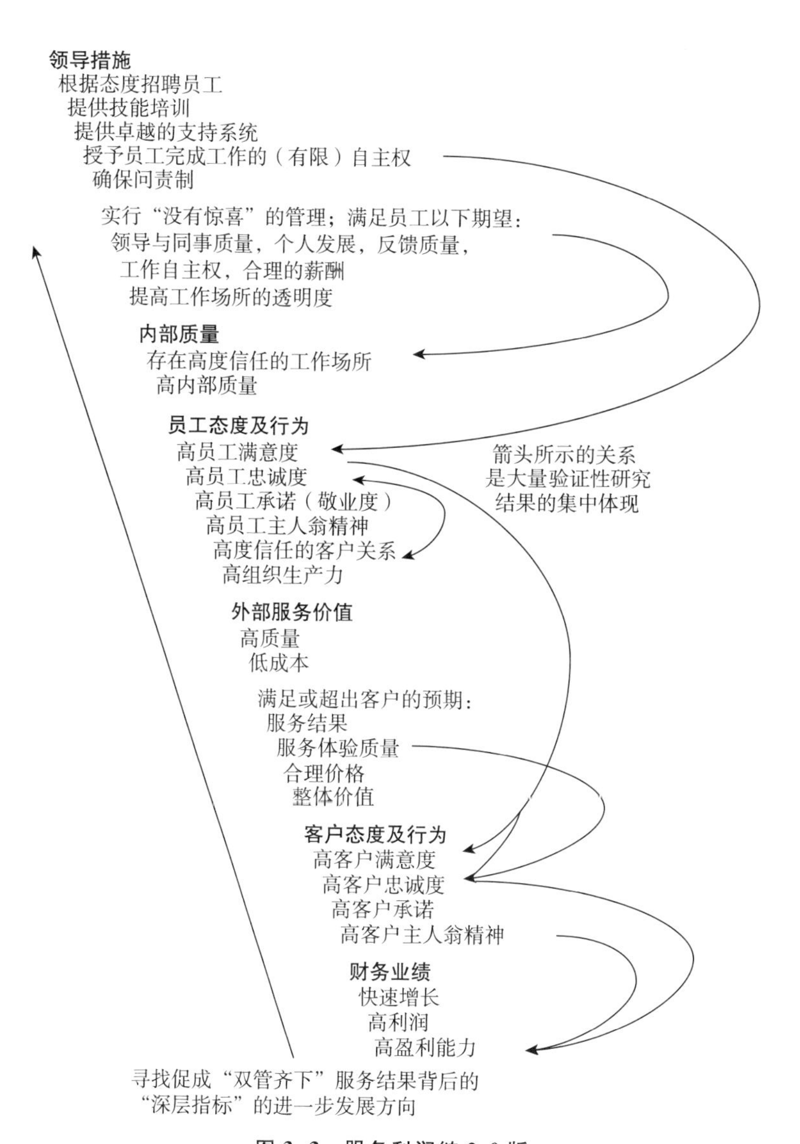

图 3-3　服务利润链 2.0 版

取得“双管齐下”服务成就的途径

服务利润链是如何通过研究逐渐形成的过程向我们展示了服务利润链对未来服务管理的潜在影响。下文将如剥洋葱般层层向读者展示服务利润链的内容。接下来的几页或许是本书中最重要的精华部分。

在我们的实地研究中，客户忠诚度和满意度与利润的关联性高于其他任何因素。如果你认可了这一点，自然会好奇是什么因素影响了客户忠诚度、满意度和主人翁精神。

客户与员工的投入度和忠诚度：镜像效应

如果服务利润链的观点得到证实，那么员工的投入度（忠诚度）应该能够体现在客户的投入度（忠诚度）上，我们称之为“镜像效应”。我们针对各类客户所做的研究结果表明：“镜像效应”广泛存在于服务行业中，并且有很大的影响力。我们认为“镜像效应”特别适用于同一组织内部的各运营实体，有助于将最佳做法分享给那些客户投入度较低且盈利能力较低的业务单元。其他一些研究也证实了类似的发现。[12]

---

[12] 例如，可参阅 Benjamin Schneider, P. J. Hanges, D. B. Smith, and A. N. Salvaggio, “Which Comes First: Employee Attitudes or Organizational Financial and Market Performance?” *Journal of Applied Psychology* 88 (2003), pp. 836-851; J. K. Harter, F. L. Schmidt, and T. L. Hayes, “Business-Unit Level Relationship Between Employee Satisfaction, Employee Engagement, and Business Outcomes: A Meta-Analysis,” *Journal of Applied Psychology* 87 (2002), pp. 268-279。

有些人对“镜像效应”的有效性提出了质疑。然而，这些质疑所依据的研究都存在一些问题，有的是样本容量不足，有的则是数据来源不统一。[13] 此外，从员工和客户身上收集对比数据并非易事。这些研究经常将员工满意度得分与员工对其与客户关系质量的评价进行比较。[14] 因此，这些调查结果存在高度的员工主观性偏差。

员工投入度和忠诚度

服务利润链是基于以下假设：员工投入度（即同意“我喜欢我的工作”或“我会将我的工作单位推荐给朋友”等表述）与员工忠诚度直接相关，并且两者都与生产力和盈利能力直接相关。目前已有越来越多的研究支持这些假设。[15]

研究表明，投入度高的员工比一般员工更加忠诚。企业领导力委员会（Corporate Leadership Council）的一项调查发现，投入度高的员工表示，他们离职的可能性是同一组织内其他员

---

⑬ 可参阅 R. Silvestro and S. Cross, “Applying the Service Profit Chain in a Retail Environment,” *International Journal of Service Industry Management* 38 (2000), pp. 24-47; R. Silvestro, “Dispelling the Modern Myth: Employee Satisfaction and Loyalty Drive Service Profitability,” *International Journal of Operations & Production Management* 22, no. 1 (2002), pp. 30-49; Timothy L. Keiningham, Lerzan Aksoy, Robert M. Daly, Kathy Perrier, and Antoine Solom, “Reexamining the Link between Employee Satisfaction and Store Performance in a Retail Environment,” *International Journal of Service Industry Management* 17, no. 1 (2006), pp. 51-57。

⑭ David H. Maister, *Practice What You Preach*, p. 154.

⑮ 例如，可参阅 Fred Reichheld, *The Loyalty Effect: The Hidden Force Behind Growth, Profits, and Lasting Value* (Boston: HBS Press, 1996)。

工的一半。[16] 服务管理集团（Service Management Group）会定期测量员工投入度和离职意愿的关系，其最新的研究结论表明：具有较高投入度的员工在未来六个月内继续工作的可能性是投入度较低的员工的2.5倍。[17] 其他这类研究也报告了类似的发现。

仅这些数字就有助于解释突破性服务和一般服务间的差异。但是，把生产率差异也一同考虑时，员工的表现成为解释服务利润链成功的首要因素。

员工生产率

员工投入度水平与生产率之间呈正相关。由于生产率的提高会降低成本，因此生产率是影响交付给客户的价值的重要因素。一项针对丹麦制造业企业的研究得出结论：高劳动力流动率会对生产率造成负面影响。[18] 企业领导力委员会的研究发现，高投入度员工的业绩比低投入度员工的业绩高出20个百分点。[19] 或许最惊人的是服务管理集团的一项发现：与那些投

---

⑯ Corporate Leadership Council, *Driving Employee Performance and Retention Through Engagement: A Quantitative Analysis of the Effectiveness of Employee Engagement Strategies* (Corporate Executive Board, 2004), p. xiv.

⑰ 服务管理集团的营销副总裁 Shad Foos 于 2015 年 2 月 10 日通过电子邮件告知我们。

⑱ Bo H. Eriksen, "How Employee Turnover Affects Productivity" (working paper available on Social Science Research Network, ssrn. com, January 16, 2010).

⑲ Corporate Leadership Council, *Driving Employee Performance and Retention.*

入度最低的员工相比，投入度较高员工的生产率比其高出21%。[20] 这就是在工作场所中谨慎雇用员工、为其提供良好的培训并培养员工投入度的一大论据。

是什么因素推动了员工忠诚度、投入度以及生产率的形成？答案是：内部服务（工作场所）质量。

内部服务（工作场所）质量

研究表明，员工对工作环境的满意程度将显著影响其投入度（通常以员工是否愿意将组织推荐给潜在雇员进行衡量）。例如，服务管理集团定期从多家组织和数千名一线零售服务人员那里收集到的数据表明，表示“非常满意”的服务人员推荐他们所在的组织作为工作场所的可能性是那些仅仅表示“满意”服务人员的2.7倍，是那些被问及“是否对工作满意”时态度“中立”的服务人员的9倍以上。[21]

振奋人心的责任和使命、共同的价值观，以及与这些价值观相一致的共同信仰构成了组织文化的核心。配合行为规范和必要时的纠正措施，组织文化可以成为强大的竞争力。它有助于提高工作场所质量，确保工作安排，激励员工努力工作并提高员工素质。

本书的其中一位作者（Heskett）开展过一项深入的研究，

---

⑳ Shad Foos 通过电子邮件告知我们。

㉑ 同上。

研究结果展现了工作场所质量——通常等同于组织文化——的重要性。[22] 这项研究旨在确定一种计算方法以衡量高效的组织文化创造的经济价值。Heskett 从一家全球营销服务公司的多个办事处收集了内部数据，并对一些从公司那里无法获取的数据进行了独立评估。结合两种数据，Heskett 提出了估算组织文化对营业利润影响的方法，该算法应用了图 3-3 所示的衡量指标以及服务利润链研究的假设。

该研究发现，工作场所的内部质量是造成经营同一业务的不同办事处之间盈利差异高达近二分之一的原因。专业服务组织中存在显著差异或许在意料之中，因为大多数员工都在面向客户的一线岗位（与缺乏员工和客户互动的“制造型”服务相反），但是这一差异竟然如此之大，足以引起所有管理者的好奇心。

该研究试图对这一结果做出解释。幸运的是，所有办事处在该研究进行期间都进行了相同的员工投入度调查。研究人员将调查数据与办事处的经营数据样本进行对比发现：认为“在我所在的办事处里，管理层是值得依赖的”与办事处的高工作绩效水平呈正相关。

由此可以预测，具有高度内部信任的组织拥有竞争优势。从某种程度上来说，这类组织将信任、授权与问责相结合，比竞争对手运行得更快、更有效且成本更低。要获得高内部服务

㉒ 这项研究公布于 Heskett，*The Culture Cycle*。

质量，需要考虑如何培养信任。

信任及其决定因素

上文提到的有关文化对经营业绩影响的研究表明，某些因素或许能促成高度的企业信任，而高度的企业信任往往伴随着突破性的服务业绩。[23] 这些因素包括基于共同价值观和行为准则的透明度、授权与问责。同样重要的还有设定和满足员工的预期：消除那些令人感到意外的行为或行动，从某种意义上说就是实行自上而下而不是自下而上的“无惊喜”管理。

了解并满足员工预期

想要满足员工预期的管理者必须先了解员工的预期。这意味着管理者必须与员工保持密切联系，而这种行为本身就能促进信任。

Schlesinger 曾参与过一项研究，基于这项研究我们很好地了解了员工的预期以及这些预期是如何形成的。最常见的员工预期是关于领导和在职同事的素质、个人发展的机会、反馈的频率和质量、完成工作的自由权限以及合理的薪酬。可以通过采取以下措施满足员工预期：根据态度招聘员工、提供技能培训和卓越的支持系统、授予员工完成工作的足够的自由并且让每位员工对这种自由负责。这些举措是构建一个有效工作场所

㉓ 这项研究公布于 Heskett，*The Culture Cycle*，尤其是第 136—142 页。

的核心，有了有效的工作环境才能产生其他的一切，尤其是增长和利润。即使在竞争战略和竞争地位都处于劣势时，这些举措也将极大地提升竞争优势。

信任作为竞争优势的一项深层指标——以 USAA 为例

在 USAA，信任是竞争优势的核心。USAA 成立于 1922 年，起初是由 25 位美国军官为了给彼此提供汽车保险而设立的。这些军官之所以能达成一致意见，信任是其中很重要的一个因素。USAA 的所有成员，从首席执行官 Josue Robles Jr. 一直到普通员工都在沿用一套独特的行为规范。USAA 的多数员工都是从军队当中招募的，这一套独特的行为规范同样源于军队。在军队中，军人被训练要可靠地执行任务，达到那些依赖他们的人对他们的期望。USAA 的宗旨就是为员工和会员（客户）做正确的事。

此外，由于 USAA 的会员具有相同的军事文化背景，所以他们深受管理层的信任。这种信任可以节约时间，省去高成本的验证确认流程，减少违约或欺诈造成的损失。它使公司能够专注于其会员（他们恰好也是这家互助型保险公司的“股东”）的健康问题。例如，如果 USAA 的投保人遭遇汽车事故，USAA 会建议他们先修理汽车，之后再把账单发给 USAA；中间免去了多次的价格估算和文档手续。那些为多样化的客户服务的保险公司就无法享受这样的便利。即使它们信任客户，也必须先核实。在 USAA，或许这样的做法并不是每次都奏效，但非正当地利用公司信任的例子却几乎没有出现过。

实地研究的启示

对服务利润链现象的一些研究进一步阐明了上述研究结果。

服务利润链中的多层次关联

有一些研究将服务利润链中的几个要素联系了起来。最近在 Limited Brands 公司旗下的维多利亚的秘密（Victoria's Secret）内衣和美妆零售连锁店进行的一项研究发现，顾客的体验质量与顾客转换率（进入店铺的顾客与购买商品的顾客之间的比例）、顾客向朋友推荐店铺的可能性以及未来的销售量之间存在关联。[24] 顾客的体验质量反映了同一店铺内员工的体验质量。员工的体验，尤其是他们的入职培训（招聘）体验，看起来会影响员工保留率，而较高的员工保留率能进一步提高顾客的体验质量。

服务利润链关系的时滞

Limited Brands 的研究试图在客户投入度（推荐的可能性）与销售之间寻找相关性。研究对比二者的同月数据时并未发现

㉔ Limited Brands，"Service Profit Chain Analysis，2012"（专属内部研究，已获得使用许可）。

相关性。但是把客户投入度与下一月份的销售额进行对照时，却发现了明显的相关性。一种可能的解释是：这一结果与维多利亚的秘密的顾客逛店铺的典型频率有关。㉕

最早提出在研究服务利润链关系时应考虑时滞效应的一批研究在几年前开始出现。其中一项研究得出结论，当西尔斯的员工满意度上升5个百分点时，客户的满意度提升1.3个百分点，销售额增长0.5个百分点。然而，要在员工满意度分值提高9个月之后，才能清楚地看到员工满意度与销售额增长之间的关系。㉖

时滞这一发现是合乎情理的。员工满意度、投入度、忠诚度和主人翁行为的加强不会有立竿见影的效果。不同业务能够观察到的效果的时间滞后程度各不相同，其取决于业务的“节奏”（季节性或自然波动）、为提高客户忠诚度而采取的管理干预措施的性质、在此期间员工及客户的忠诚度水平，以及近期员工入职或离职的数量。未能把时滞效应与服务利润链数据结合起来被证明是一些研究存在的一大不足。这一点也造成许多从业人员抱有不切实际的预期，期待他们的决定有立竿见影的效果。

㉕ Limited Brands, “Service Profit Chain Analysis, 2012”（专属内部研究，已获得使用许可）。

㉖ Anthony J. Rucci, Steven P. Kirn, and Richard T. Quinn, “The Employee-Customer-Profit Chain at Sears,” *Harvard Business Review*, January-February 1998, pp. 82-97.

在探究深层指标时从相关性上升到因果关系

迄今为止，几乎所有关于服务利润链关系的研究都是衡量利润链中各个要素之间的相关性而非因果关系。目前最全面的有关服务利润链中各要素因果关系的研究支持图 3-3 中所示的关系性质。在该研究中，David Maister 分析了 29 家营销服务公司 139 个办事处 5 000 多名员工提供的数据。他发现通向利润和增长的链条始于强调“热情、承诺和尊重”的企业文化，这种文化融入了员工的培训中。[27] David Maister 得出的结论是，财务绩效是员工服务质量和“以客户为中心”（由员工而非客户进行评价）两者相结合的产物。而后两者反过来又与员工的满意度水平正相关，员工的满意度水平受到诸多因素的影响：授权，指导，高标准，组织的长期取向，培训及发展，热情，承诺，尊重他人，公平的报酬。

这一类的研究向管理者表明，战略决策和政策得以正确执行，是如何影响服务结果和最终的财务绩效的。这些研究将影响服务的设计和管理方式。

服务利润链理念的传播

近期的迹象表明，服务利润链的理念越来越被从业者接受

---

[27] Maister, *Practice What You Preach*, especially p. 79.

与认可。企业的广告开始突出宣传它们在客户服务调查或“最佳工作场所”评选中的排名。为“人力资本管理”开发软件的公司 Ultimate Software，在推广其最新开发的可预测员工离职率的软件产品时，宣称自己位列《财富》公布的 100 家“最佳工作场所”企业榜单。[28] 一则新闻特别报道了私募股权投资管理公司 Brentwood Associates，因为这家公司专门投资那些拥有“高度忠诚的客户基础”的公司。[29] 这些都是运用服务利润链创造财富的真实商业案例。

如今，顾客普遍会被问及再次购买产品或服务或者向朋友推荐服务商的意愿。这些问题的设计源于某种测量方法的普及，这种测量方法使用某种形式的净推荐值，即顾客向其他人推荐某种特定服务可能性的指数。这一概念直接体现了对服务利润链上各种关系的认同。[30] 服务利润链的要素也时常出现在越来越多的企业用于追踪绩效的“平衡计分卡”（见第四章）中。[31]

最近一项有关管理措施的研究发现，在一个由 92 家公司的管理者构成的样本中，81.8% 的管理者意识到客户忠诚度

㉘ *Bloomberg Businessweek*, June 23-June 29, 2014, p. S2.

㉙ Sarah Max, “If Its Customers Love a Business, This Equity Firm Does Too,” *New York Times*, July 30, 2013, p. B7.

㉚ Fred Reichheld, *The Ultimate Question: Driving Good Profits and True Growth* (Boston: HBS Press, 2006).

㉛ Robert S. Kaplan and David P. Norton, *The Balanced Scorecard: Translating Strategy into Action* (Boston: HBS Publishing, 1996).

与公司财务绩效之间是正相关的。此外，约有三分之一的管理者测量了员工满意度与客户满意度之间的关系（“镜像效应”）。所有获悉测量结果的人都“指出两者间的关联性……很强”[32]。

其他零散的证据也表明，许多企业正在运用服务利润链的理念，尽管它们不一定采用这一术语。营销服务公司 CDM Group 的董事长兼首席执行官 Ed Wise 的评论体现了这一点：

> 自从我通过阅读真正了解到服务利润链以来已经有很长一段时间了，老实说我们在公司内部并不曾广泛地使用这一术语……对我而言，服务利润链带来的最大启示就是……存在某种正确的机构管理的方式和系统。让我感到震惊的是：“人”被证明是组织发展以及变得卓越的关键“杠杆”……总之，服务利润链的理念将继续得到传播，因为它真的奏效。[33]

实施服务利润链理念的阻碍

即使越来越多的证据表明服务利润链的理念在实践中奏

---

[32] Lerzan Aksoy, “How Do You Measure What You Can't Define?: The Current State of Loyalty Measurement and Management,” *Journal of Service Management* 24, no. 4 (2013), p. 373.

[33] Dan Maher and Dan O'Brien, “So Long, Safe Harbor: Putting the Service Profit Chain to Work,” Case No. OU-184 (New York: Omnicom University, 2013).

效，许多组织依然在寻求获得竞争优势的其他方法。我们不得不提出这个问题：为什么服务利润链这一理念没有得到更广泛的实施？

它并不简单

Tom Davenport 指出，服务利润链概念中的一些复杂性阻碍了其实施：

1. 这一理念需要持续努力才能成功实施。
2. 必须跨职能部门实施。
3. 首席执行官必须参与这一过程。
4. 这是一种生活方式，而不是一个个人项目。[34]

检验一个概念是否合理可以看人们是否视其为理所当然。如今人们会感到惊讶，像"员工忠诚度、投入度和主人翁精神驱动客户忠诚度、投入度和主人翁精神，并最终带动增长和盈利能力"这样简单的概念也能够引起关注。当然，答案其实是，人们并非一开始就认为这个概念简单。多年以来，服务利润链的概念一直未得到认可。现在它被许多人视为理所当然，成为评价其他策略的标准。

其实施需要正确的数据

在前文提到的有关企业文化对经营绩效影响的研究中，

---

[34] 改编自 Tom Davenport, "Retail's Winners Rely on the Service-Profit Chain," *Harvard Business Review*, November 2012。

Heskett 遇到一个问题：缺少管理者可以利用的相关数据。在量化文化对绩效的影响所需的 35 项测量指标中，只有约三分之一有现成的数据。另外三分之一的数据需要格外费力才能得到，超出了任何管理者愿意在日常工作中花费的精力，而最后的三分之一的数据组织则根本就没有。图 3-3 所示的各项测量指标中，管理者能够得到的数据数量从右下角（利润、增长和其他财务指标）向左上方（员工预期和预期满足程度）依次快速减少。令人惊讶的是，在研究中我们发现管理者很少花时间和精力去评估员工是否信任他们。然而，信任指标可能是最重要的可追踪的深层指标之一！

具有讽刺意味的是，在所谓的大数据时代，管理者能够定期得到的管理服务利润链各关系的相关数据是如此之少。人们开始日渐关注一种被称为“人事分析”的大数据形式，或许这有助于弥补这一差距。

视员工和客户的忠诚度而定

大多数的服务运营战略都体现了以下理念：顾客忠诚度是增长和盈利能力的主要决定因素。忠诚度下降会引发企业的严重担忧。这就是为什么在展望未来时，两位营销学者 Itamar Simonson 和 Emanuel Rosen 的研究值得我们注意。[35] 两位学者

---

[35] Itamar Simonson and Emanuel Rosen, *Absolute Value: What Really Influences Customers in the Age of (Nearly) Perfect Information* (New York: HarperBusiness, 2014).

基于研究得出了与市场营销学同行所持的普遍看法相反的结论。他们认为越来越强大的互联网搜索功能以及其他用户的评价和建议，将使客户能够有效应对生活中日益增多的信息、产品与价格。因此，他们将比以往任何时候都更了解他们面临的各种选择——从服务到就业机会。他们会信任他们不认识的评论者，同时也会更倾向于尝试新产品和新服务，寻求新的就业机会。品牌的力量将会减弱。而我们最感兴趣的是：客户和员工的忠诚度，以及客户关系的终身价值将会降低，这是我们需要多加理解与思考的。

互联网搜索、消费者评分和新的应用显然将使客户掌握更多信息和权力。这将对服务利润链的理念和实践产生什么样的影响尚不明确。这一部分取决于人们是否认为以上情况会像影响产品购买决策那样影响服务消费。例如，像 Angie's List 这样的点评网站重点展示那些富有经验的消费者的推荐。许多寻求服务的消费者在购买决策中会采纳这些推荐建议，特别是对于那些不经常消费的服务(例如炉子维修)，那些对当前服务商感到失望的消费者也有可能采纳这些推荐建议。

互联网搜索和推荐功能的发展凸显了“零缺陷”管理对于管理者的重要性，尤其是在服务业中。互联网让客户能够推荐他们的服务商，这是一种“主人翁精神”的体现。我们认为这实际上将增强突破性的服务商与其最忠诚客户之间的联系。虽然那些“被动”的消费者（他们从一开始就不那么忠诚；将在第七章中进一步介绍）对不那么卓越的服务提供商的忠诚度可能会下降，但并非所有服务提供商及其客户关系都会受到这样的影响。

作为生活方式的服务利润链

服务利润链可以被视为一组深层指标，即一种平衡计分卡，可以用来追踪和控制组织的运营战略。

近年来，服务利润链的理念得到了传播。越来越多的企业在广告宣传时提到自己在客户服务方面的高排名或曾获评“最佳工作场所”。衡量服务利润链中各要素的分析指标，例如应用比较广泛的评估客户和员工满意度的净推荐值，已经得到改进与完善。同时，也有越来越多的企业已经应用由财务和非财务指标（尤其是那些可用于追踪客户忠诚度和员工保留率的指标）构成的平衡计分卡。

鉴于服务利润链是由一套要求较高的关系和目标形成的，因此这一发展趋势是颇为显著的。要成功实施服务利润链这一理念需要大量的组织工作，且大部分是需要跨职能部门进行的。从某种意义上说，服务利润链是一种生活方式，而不仅仅是一种管理方法。出于这些原因，要尝试在组织中引入服务利润链的理念和行动，首席执行官的参与和领导是至关重要的。

大多数基于服务利润链而采取的行动都具有以下目的：提升员工和客户价值，从而实现服务提供商的高投资回报，这是组织获得竞争优势的一种方式。实现这一竞争优势的其他方式还包括提高客户投入度（例如金泰迪工作室和纽约米其林三星餐厅 Eleven Madison Park 等组织），采取服务保证（汉普顿酒店），创新的一线服务人员工作组织方式（恺撒娱乐和丽思·卡尔顿），团队型组织（塔可钟），有效的组织文化（全食超市、西南航空、Zappos. com 和迪士尼），以及资源共享（爱比迎、优步和总部位于旧金山的食品杂货配送初创企业 Instacart）。本书余下章节的许多内容将会与此相关。

第四章

创造和利用内部质量——“优质工作场所”

杰出服务业领导者应知：

服务从一线员工开始

杰出服务业领导者应行：

以态度为雇佣标准，培养员工技能

首席执行官们经常宣称：“在我们的组织中，员工是最重要的资产。”这一点对大多数服务组织来说是毋庸置疑的。对这些组织而言，要想在行业中脱颖而出，就需要在员工身上付出，与此同时，员工也会带来最大的机会。员工是整个服务组织的心脏，是服务利润链的核心。研究工作历史的英国历史学家 Theodore Zeldin 向记者表示：“工作的世界必须彻底改变，应把人而不是事物放在所有工作的中心。”Zeldin 还表示：“记得我在伦敦与一些首席执行官谈话，其中一人说：‘我们无法再选择员工了，是他们在选择我们。’如果我们想要最好的人，想吸引他们，就不得不向他们询问：‘你想要在工作中获得什么?’”①

员工受到他们自己的工作质量和所在组织文化的激励。组织因其“雇主品牌”——工作场所的内部质量——而在招聘专员、现任和潜在雇员以及普罗大众中闻名。美国职业篮球联赛(National Basketball Association,NBA)达拉斯小牛队的老板Mark Cuban提供了这样一个例子:

> 当我在2000年买下达拉斯小牛队时,他们正经历着在NBA历史上最糟糕的一段时间……我们采取的第一步是投资“产品”。当然,这意味着向有天赋的球员支付比大多数球队更高的薪酬。但我们也通过其他许多方式使我们的投资体现出价值。我们在设施上,即使是更衣室,也不吝啬一分钱。球员们都会注意到这些细节。每当另一支队伍到我们这里时,所有球员都可以看到我们建造的东西,与我们的队员交谈,并将这些记录下来以备未来之需。为了提高球员的技能,我们还聘请了联盟最大的教练团队。这样,当一个明星球员需要做更多的传球工作,或者一个控球后卫需要提高他的控球技术时,我们有专门的教练可以把他单独叫到一边帮助他提高技能。②

---

① John Thornhill, “France's Favourite Englishman,” *Financial Times*, February 9-10, 2008, p. 3 (Life & Arts).

② Mark Cuban, foreword to *The Extra 2%: How Wall Street Strategies Took a Major League Baseball Team from Worst to First* by Jonah Keri (New York, Ballantine Books, 2011), p. vii.

Cuban将他的公司出售给任何可能成为“买家”的潜在球员、员工、球迷和赞助商。该战略经过11年的时间显然奏效了。公司支付相对适度的费用以提高小牛队的工作场所质量，以更丰厚的分红吸引更多优秀的人才，从而增加了球迷获得的快乐，也为该公司赢得了更多的尊重。在2011年的NBA总冠军赛中，这些努力获得了回报。

无论是专业篮球队还是咖啡店，工作场所的内部质量都决定了组织是否为一个理想的工作场所。适合工作的好地方往往能够成为人们乐于与其做生意的组织，这能够带来利润、发展或以其他任何标准衡量的成功。对于服务组织来说尤其如此，因为这些组织中较大比例的员工是面向客户的。

优秀的雇主如何做到这一点呢？基于优质的服务始于一线员工的认知基础，优秀的服务业领导者会以态度为雇佣标准，培养员工技能，并使工作环境有利于这两点的实施。每个服务行业中——甚至那些最唯利是图的服务行业，例如金融服务业——都有一两个组织指明了这一点。

工作场所质量的价值——以先锋集团为例

先锋集团的管理层反复提醒员工，集团内“投资者是第一位的”。当然，哪个金融服务公司不这样做呢？但在先锋集团，这一声明产生了很大的效果。集团的战略由其创始人John Bogle于1974年基于以下几点建立起来：（1）投资品具有不收费共同基金的特征，由一组证券指数组成，几乎不需要昂贵的投资管理费用（昂贵的投资管理费用往往会给投资者带来较低的净回报）；（2）在各方面做出努力以最大限度地降低由获得长期共同基金回报所产生的成本；（3）采取相应措施以减少忠诚客户的短期交易并鼓励其长期投资。

然而，如果把投资者放在第一位，那么在企业中，尤其是倾向于降低成本的企业中，员工应该被置于何处？

工作场所质量产生对的员工

先锋集团通过为公司“船员”谋福祉而将投资者放在首位。先锋集团不把员工称为“员工”而称为“船员”，因为“船员”是以英国皇家海军将领 Horatio Nelson 的价值观以及英国海军的盛名为基础的一种文化中的称呼。除了费城郊区舒适、高效的工作环境，还需要一系列有关“船员”的价值理念、政策和实践。特别的是，Bogle 将信任作为建立和发展公司的基础元素，同时需要领导者“在决策时听从基本信念以及自我内心深处的呼唤”③。

在任何地方，工作场所的质量都始于招聘。先锋集团招聘新员工时会注意其对客户需求是否敏感，在做出投资决策时是否倾向于谨慎和保守，以及是否理解并体谅节俭的需要。员工

---

③ John C. Bogle, *Enough*: *True Measures of Money*, *Business*, *and Life* (New York: John Wiley & Sons 2009), p. 115. Bogle 引用了在伦敦举办的 Nelson 子爵逝世 200 周年纪念日活动上的布道词。

认同公司目标这一点很重要。根据 Bogle 的说法，公司的核心是管理。从一开始，他就制定了“牢固的道德价值体系”，包括“正直，诚实，忠诚，守纪律，有道德，有抱负，敢竞争，有创造力，团结合作，甚至有幽默感。总的来说，这些都是我们公司的特点”④。

先锋集团的工作环境培养了员工的高度忠诚，这对于一个把聚焦投资者忠诚作为战略的公司至关重要。

对员工和客户进行精心挑选会取得成功：以 Mabel Yu 为例

先锋集团对其员工进行精心挑选已经得到了丰厚的回报。2008 年大萧条之后下面这个故事在一段时间内被反复提及，因而引起了人们的关注。⑤

故事与公司聘请的投资分析师 Mabel Yu 有关，她被指派审查信誉最好（AAA 级）的衍生证券，这些证券是由最受尊敬的投资银行家挑选的抵押贷款和其他债务支持的，用于转售给公众、养老基金和像先锋集团这样的共同基金。Yu 是经过先锋集团审慎的招聘流程而受雇的，她无法评估这些衍生证券

④ John C. Bogle, *Enough: True Measures of Money, Business, and Life* (New York: John Wiley & Sons 2009), p. xvi.

⑤ Thomas H., Davenport and Brook Manville 在他们的书里说得很好，参见 *Judgment Calls: 12 Stories of Big Decisions and the Teams That Got Them Right* (Boston: Harvard Business Review Press, 2012), pp. 143-159。

背后的资产质量，因此无法理解它们可以提供什么。结果，她开始反对投资衍生证券，这受到了华尔街同行的鄙视和嘲笑，然而嘲笑她的人中其实有很多人也无法充分解释这些证券的性质。她在先锋集团的上司们同样经过审慎的招聘流程而受雇，因此选择支持她。最后，他们拒绝了一些热门的投资机会，导致先锋集团的投资回报低于那些购买了这些热门投资产品的对手基金，在此过程中他们承受了很大的压力。但是2008年金融危机爆发引发全球经济危机后，先锋集团客户的损失远远小于许多竞争对手客户的损失。先锋集团，既因为其投资者拥有该公司（通过共同的所有权形式），也因为其保守的投资行为，并不需要政府救助。对于公司员工来说，更重要的是，在过去80年中最糟糕的一次经济衰退期间，先锋集团没有任何人被解雇。

投资者（即先锋集团的客户）在较长一段时期内获得的总体结果也很好。先锋集团指数基金的设计旨在得到一揽子证券平均的投资回报，但由于对个人账户收费低廉，其投资者的净回报率往往在同行中排名靠前。然而，我们或许更感兴趣的是投资者对先锋集团服务的看法。尽管老客户几乎不需要与公司直接联系，但公司还是经常在投资者对其服务的评级中领先于共同基金行业。其投资者中有三分之一也拥有竞争对手的基金，并且可以直接对服务进行比较，因此评级的可信度非常高。

我们可以从先锋集团的例子中看出，优秀的雇主具有一个明确且鼓舞人心的使命。更重要的是，他们拥有一种文化——价值观、行为、措施——旨在确保自己的使命及支持该使命的战略既可以实现又必定会实现。最重要的是，好的工作场所往往是人与人之间高度信任的环境，在这种环境中组织能够更快地完成任务，更加自信，赚到更多。先锋集团的管理层信任 Mabel Yu 的判断，因此 Mabel Yu 在她的工作中可以毫无顾忌地独立做出艰难的决定。

整合使命、文化和预期

创建人与人之间高度信任的优质工作场所的过程开始于将组织的使命、文化与潜在员工的预期相结合。对那些拥有无可挑剔的全球声誉的组织来说这一点非常重要。但组织要想赢得全球声誉并不容易，需要有明确的使命、基于绩效的组织文化，以及经过深思熟虑的过程来塑造并满足管理者和员工的预期。

以世界上最著名的医疗机构之一的梅奥医学中心为例。梅奥医学中心是来自世界各地的患者治疗疑难杂症的地方。医学中心的大部分名声都是由前患者传播形成的。根据梅奥医学中心的估计，平均每位前患者会告诉另外 40 个人他们的经历，会带来大约五个新患者。一项调查发现，梅奥医学中心 85%

的患者都建议别人去那里治疗。这是真正的“主人翁”行为。[⑥]

对于从事医疗工作的人而言，在梅奥医学中心工作是非常体面的。它的使命和“业务”是各方谈论的话题。在那里工作不仅可以赢得他人的尊重，也可以获得自我满足。不过，这并不意味着梅奥医学中心招聘新员工就很容易。如所有具有丰富文化内涵的组织一样，梅奥医学中心并不适合每一位专业人士。它吸引的是团队成员，而不是企业家、有抱负的明星或者百万富翁。从某种意义上说，梅奥医学中心的每一位员工都是明星，但在那里，他们必须把以自我为中心的意识放在一边，选择与他人团结协作。

在医务工作者中，不管是热衷于在那里工作的人，还是不愿意在那里工作的人，无人不知梅奥医学中心。考虑去那里工作的医生知道，他们必须在态度、诊断和治疗的质量上始终把病人放在第一位，以病人为中心安排他们的工作，并随时准备好共享管理职责。梅奥医学中心的研究采用了类似于跨学科合作的理念。虽然它可能不会在实际上奖励其研究人员，但仍然促进了非凡研究成果的产生，例如获得诺贝尔奖的可的松（用于治疗损伤或风湿症等的激素）的开发。如果没有一些专

⑥ 本章此处和其他地方有关梅奥医学中心的信息可以在该组织以下这篇优秀的简介中找到：Leonard L. Berry and Kent D. Seltman, *Management Lessons from Mayo Clinic: Inside One of the World's Most Admired Service Organizations* (New York: McGraw-Hill, 2008), p. 195。

业人士的贡献，这是不可能实现的。

梅奥医学中心努力协调使命、文化（价值观和行为）与员工需求之间的关系。利用有效文化的组织首先要找出那些“对的”员工们想要从组织那里获得的东西，然后提出满足这些需求的人力资源战略，让现有的员工参与交易过程（建立共同预期），并实现他们的预期。

促使管理者关注员工的需求：内部服务质量

如果信任具有重要的收益价值并且这种信任的前提是满足员工的预期，那我们就需要了解他们对工作的预期是什么。我们从其他人的研究中发现，客户的满意度取决于他们的预期是否达到或超出。[7] 这个道理对员工同样适用。[8] 优秀的服务业领导者不仅要了解员工的预期（因为这些预期是建立员工满意度和投入度的基础），还要利用这些知识来指导其管理行为。这些知识也可以为改变预期奠定基础，在员工想要的东西和管理层可以提供的东西之间进行协调。

员工想要什么。服务管理集团定期分析服务利润链，其数据来源于每年向零售、餐饮和服务业的100多家公司的员工和客户收集的2 000多万份调查问卷，这是一个真正的信息宝

⑦ 例如，可参阅 Valarie A. Zeithaml, A. Parasuraman, and Leonard L. Berry, *Delivering Quality Service: Balancing Customer Perceptions and Expectations* (New York: Free Press, 1990)。

⑧ 可参阅 Heskett, *The Culture Cycle*, pp. 135-136。

库。其分析结果确定了与员工投入度和忠诚度、员工满意度、客户忠诚度以及销售结果密切相关的几个管理要点。

服务管理集团的研究发现，员工认为对他们的满意度、投入度和忠诚度产生最大影响的是以下三种管理行为[9]：（1）我的主管参与到我的发展中；（2）我的主管关心我；（3）我的工作会受到赞赏。接下来是员工在工作中接受的培训数量，然后是员工团队合作的程度。[10] 该研究还发现，管理技能和行为相对于政策及程序而言，对员工满意度会产生更大的影响。

此外，还有许多研究已经提出了员工在工作中会寻求的其他一些东西：

1. 一个公平的老板。员工显然会根据管理者是否雇用、认可和培养合适的人来判断其公平性。这表明由管理者做出的每一个人事决定都由那些向他汇报工作的人组成的“陪审团”进行评判。如果这些人事决定是由自我管理的团队决定的，那么他们就既是“法官”又是“陪审团”。

2. 个人发展的机会。员工希望能够得到自我提升。他们既希望获得职业培训的机会，也希望拥有上升通道去获得那些需要承担更大责任的职位。

3. 频繁及有关联的反馈。与传统的年度考核相比，员工越来越喜欢这种反馈。这种偏好与千禧一代（在 2000 年之后

---

⑨ 服务管理集团的员工调查显示，他们打算在这里工作 6～12 个月。

⑩ Andy Fromm, Joe Cardador, and Mark Hunter, *Latest Findings from the Restaurant and Retail Industries* (Kansas City: Service Management Group, 2006).

达到就业年龄的人）的心态有很大的关系。与直接的金钱收益相比，他们对个人发展有更强烈的兴趣。他们比前辈们更有信心在整个职业生涯中获得足够的报酬。

4. 与有能力的同事共事。胜利者喜欢与胜利者合作，不喜欢与失败者合作。事实上，如果管理者没有足够的灵活性来解雇表现不佳的员工，那么优秀的员工就会离开。

5. 向重要客户交付结果的工作自由度（在限定范围内）。由于提供服务时经常会发生不可预测的事件，需要快速判断和反应，所以自由度特别重要。员工们需要知道他们有多大的自由度，也就是他们可以在什么样的限度下灵活行事。因此，清楚地阐述自由度和限制是很重要的。

6. 合理的薪酬。员工对于何为合理有很好的判断。虽然组织支付给员工的薪酬不能偏离合理的水平，但其实员工对薪酬的预期往往是适度的。[11]

针对该主题的最广泛的研究之一发现，在上面所列的项目中，仅三项就导致员工满意度水平近三分之二的差异：（1）向重要客户交付结果的工作自由度（在限定范围内）；（2）被赋予服务顾客的权力；（3）通过工作中获得的知识和技能向客户交付结果。[12]

---

⑪ 其中最为全面的可参阅 J. Richard Hackman and Greg R. Oldham, *Work Redesign*（Boston：Addison-Wesley Publishing，1980）。

⑫ Leonard A. Schlesinger and Jeffrey Zornitsky, “Job Satisfaction, Service Capability, and Customer Satisfaction: An Examination of Linkages and Management Implications,” *Human Resource Planning* 14, no. 2, pp. 141-149.

这为什么很重要? 前面提到过的服务管理集团的研究发现，随着员工流动率的提高，客户满意度水平会下降。员工流动率最高的商店的整体客户满意度得分最低。工作 12 个月或更长时间的员工（零售服务工作者）所占比例和客户忠诚度之间存在显著的关系。更重要的是，统计结果显示，客户忠诚度与年销售额同比增长率（逐年）显著相关。[13]

形成和满足预期：工作预览

对于管理者而言，了解员工的需求为设定服务工作的预期奠定了基础。Buckingham 和 Coffman 得出的结论是，杰出的管理者对员工做出的承诺并不多，但一定都会实现。[14] 这种无意外的管理是信任的基础，信任使执行变得更容易[15]，从而减少了变更政策和行动所需付出的管理时间及努力。

潜在员工对组织的预期由以下几个方面构成：组织的声誉、领导者的行为、员工谈论组织的方式、组织的宣传和公关，当然还有产品和服务的质量及价值。这些信息来源基本上无法控制。鉴于所谓的透明度是由新技术所提供的，故最好的假设就是，有关组织的价值观、信念和行为的真相，无论好坏

---

⑬ Fromm, Cardador, and Turner, *Latest Findings*, pp. 13 and 18.

⑭ 本研究详细记录在 Marcus Buckingham and Curt Coffman, *First, Break All the Rules* (New York: Simon & Schuster, 1999) 中，以与 400 多家企业的管理者进行的深度访谈为基础。

⑮ 无意外管理通常是一个术语，指下属“向上管理”并不会让他们的上司感到惊讶。这里我们逆向使用了这个命题以表现相反的效果。

都终将出现。因此，组织的领导者想要得到什么样的评判，就最好按照这样的评判标准进行管理。

以虚假的借口吸引潜在员工到组织中工作，无论是不是故意的，在经济上都完全没有意义。这样做通常只会导致员工关系不和谐、表现不佳以及日后脱离团队，所有这些都会在经济和心理方面付出高昂的代价。因此，内部品牌最有效的沟通者不仅要向潜在员工清楚地描绘组织的价值观、信仰和行为，还要向其提供工作预览——在招聘过程中详细描述这项工作最吸引人和最不吸引人的地方。研究表明，工作预览通过提前告知潜在员工在工作中应该有的预期，减少员工“变心”和离职情况的发生。有这样一种生动的解释，预览可以“给人们提前打预防针”以防止其失望。[16] 在雇用员工之后，工作预览甚至被证明能够有效地提高留任率。工作预览会提前告知新员工他们将要经历的，包括激怒客户、无法回答客户的问题等，这些都是正常现象，只是工作的一部分，不需要过分担心。[17]

检选出没有信仰的人并及时采取行动

文化是自身不断改进发展而不是由领导者塑造的。尽管如此，文化建设并不能完全听天由命，它也需要不断关注遵守或

---

⑯ Jean M. Phillips, “Effects of Realistic Job Previews on Multiple Organizational Outcomes: A Meta-analysis,” *Academy of Management Journal* 41, pp. 673-690.

⑰ 例如，可参阅 Chip Heath and Dan Heath, *Decisive: How to Make Better Choices In Life and Work* (New York: Crown Business, 2013), pp. 212-213。

违反价值观的行为。行为的客观评估往往被忽视，仅仅受管理者“感觉”的影响，因而是主观的。更糟糕的是，当通过这种评估发现了那些不相信企业文化、不根据价值观进行管理、破坏文化，并要求直接下属采取相反行动的管理者时，这种评估结果却被搁置一旁，不予理会。当这个人善于“制造数字”时，尤其如此。许多管理者都不喜欢采取纠正措施，无论是对员工进行指导还是予以解雇，结果，他们就一直这样拖着。

我们听到的针对管理者最常见的抱怨就是，他们未能及时采取行动处理那些虽然在领导岗位上却没有根据组织的价值观进行管理的人，不管他们是否有能力实现净利润目标。当那些不相信组织文化或根本无法通过价值观进行管理的人被解聘时，组织的业绩总会提高。那些留在组织中的人带来的价值往往超过那些离开的善于“制造数字”的人为组织带来的价值。[18] 例如，梅奥医学中心赋予其人事委员会责任，以处理那些没有达到医学中心价值观或者没有表现出尊重、团结所有团队成员的医生。一些医生被停薪留职或被直接解雇。[19] 这对保护组织文化至关重要。

---

⑱ 例如，可参阅 Jack Welch 关于通用电气试图摆脱那些无法按照组织的价值观进行管理的管理者的言论：Jack Welch and John A. Byrne，*Jack：Straight from the Gut*（New York：Warner Business Books，2001），pp. 188-189。

⑲ Berry and Seltman，*Management Lessons from Mayo Clinic*，p. 143.

赞成组织文化的人如何维护优良工作场所的质量

那些促进培养高度信任工作环境的文化为优良工作场所的形成奠定了基础。但是，除非管理者实施那些可以日复一日强化组织文化的政策和行为，否则内部质量可能会下降。幸运的是，我们可以观察到什么样的行为才是最好的，以及何种政策和行为以清晰的方式相互协调配合。管理者可能不会在每种情况下都全盘考虑到这里描述的每一种行为，但他们总会将其中大多数考虑在内。

我们在这里展示的是“菜谱”，而非“菜单”，就像菜谱中成分的添加顺序一样，以下几条也将如此排列。

以态度为雇佣标准

高绩效的组织总是根据以下几点来挑选潜在员工：(1) 是否对业务感兴趣；(2) 是否对使命充满激情；(3) 是否与组织的价值观相契合；(4) 是否对组织与价值相关的行为感到满意，换句话说就是“我们如何在这里做事”。我们把这些归纳为以态度为雇佣标准。例如，那些对健身不感兴趣的人就不必应聘健身服装的制造商和零售商露露柠檬（Lululemon Athletica）的职位。其网站表明该“公司寻求建立一个社区中心，人们在那里不仅（可以）学习和讨论生理健康方面的问题……也可以讨论过上充满各种可能性的活力充沛的生活之类精神健康方面的问题”[20]。不仅如此，该公司还“有一个以任务为导向的商业模式，要求员工拥有详细的个人和职业发展规划，且可以与其他同事共享”。

这里想要通过露露柠檬领导层的例子来提醒一点。正如书中描述的那样，以态度为雇佣标准的组织经常培养员工对工作的自豪感。但是这种自豪感可能会转变成傲慢，特别是对顾客。领导层要确保这种情况不会发生。露露柠檬采用了一种拉得太紧就会变得透明的材料，遭到了很多顾客的抱怨，为此，公司的创始人兼首席执行官 Chip Wilson 向员工们道歉。遗憾的是，他的道歉被认为是在指责顾客，特别是那些体型太大使得服装不合身的顾客。Wilson 的行为并不令人感到惊讶，因为他非常强调露露柠檬的个人自豪感。然而，将他的言论视为一种侮辱的顾客不再喜欢他，致使他作为首席执行官早早地就离任了。[21]

在那些强烈认同组织业务、使命和价值观的人中，有些应聘候选人可以通过行动来表现，有些则不能。此外，还要同时审查员工的同理心、团队合作的意愿以及其他有助于有效提供优质服务的品质。一旦态度问题得到解决，其他因素就会有助于促成一个优质的工作场所。

---

⑳ Lululemon.com，2013 年 1 月 14 日访问。此处和下面的引用来源相同。

㉑ Amy Wallace, “It's a Stretch,” *New York Times Magazine*, February 8, 2015, pp. 20-23.

培训技能

相比于培养员工的态度，组织更知道如何有效地对员工的技能进行培训。培训通常以“我们如何在这里开展工作”开始。像谷歌这样的组织也并没有比这做得更多。但是其他组织可能需要更多的具体任务培训。例如，在财捷集团（Intuit），员工入职后的工作培训可能既包括有关公司软件的培训，也包括作为服务中心客户服务代表有效完成工作所需的税法知识的培训。接下来是广泛的观察和练习，以及接听电话和回复网上的消息。此培训对象包括设计软件的工程师，因为他们需要定期接听客户电话以获取有关产品改进的信息。

提供有效的辅助系统

辅助系统，包括设施、技术、网络、信息系统等，可以被设计成具有以下功能：（1）促使雇员成为客户心目中的胜利者或失败者；（2）促使雇主成为雇员心目中的胜利者或失败者。一方面，有效的辅助系统使员工的工作和客户的购买更轻松便捷。另一方面，不合理的设计或设施需要频繁的维护，连接不良的公司网络使员工的工作更加困难，同时也会对客户服务产生负面影响。我们认为有必要在这里提到辅助系统，因为它是创建一个优质工作场所的一部分，本书在第六章和第七章中还有更多关于辅助系统的内容。

交付结果的工作自由度（在限定范围内）

很多管理者认为创建一个优质工作场所的关键始于更多的授权和问责，但事实远非如此。只有设定预期，选择合适的员工，培训他们并提供有效的辅助系统，使得组织、管理者和员工之间建立高度一致性之后，才能使拥有优质工作场所的组织开始扩大一线员工的自由度，使他们可以在交付成果时采用自己的判断。顺序很明确：调整预期，以态度为雇佣标准，培训员工的技能，提供有效的辅助系统，然后扩大员工工作决策的自由度。

当然，没有限定范围的自由度可能会导致无管理状态。员工们更愿意明确他们的工作限制。这些限制可以是明确的，也可以是隐含的（“我们如何在这里开展工作”）。例如，丽思·卡尔顿为其一线员工（包括客房部经理）提供了支配最高限额为2 000美元资源的自由度，以便他们在现场解决顾客的问题，而不是让它发酵成更大的问题。只有当一线员工了解自己被赋予了这样的自由度时，他们才能真实地感受到他们做的决定得到了组织的支持。

西南航空的规则是“做任何你觉得适合为乘客做的事情”。西南航空的员工可以在需要快速思考和行动的事件中自己判断何种做法才是合适的（请记住，在西南航空，员工和乘客总是受到重视的）。以下的真实故事说明了这一点：一名坐在轮椅上的中年男子带着有效的机票靠近西南航空的柜台。然而，工作人员立即注意到，该男子衣衫脏乱、破旧，并散发出浓烈的气味。如果让他登机肯定会给其他乘客带来不适，但如果不让他登机则可能会引起诉讼。这时那位工作人员就必须快速思考并采取行动。

如果给你的反应时间不超过 10 秒，你会怎么做？那位工作人员所采取的行动反映了她在被选中、接受训练，并且被管理者赋予自己进行判断的自由度（在限定范围内）的过程中得到的关照。本章后面会再次回到这个故事。

扩大自由度，包括“解雇”客户

增加授权和扩大自由度最极端的行动就是授权一线员工基于正当理由“解雇”客户。尽管这仍存在争议，但许多优秀的服务提供商都在将“解雇”客户这一点付诸实践。一些错误导致选择了那些对员工或其他客户采取粗鲁或贬低行为的客户，“解雇”客户是一种纠正错误的方式。这表明管理层是支持员工的。以下关于波士顿的一家餐厅 jm Curley“解雇”顾客的例子就说明了这一点：

> 一位顾客在该餐厅用餐时，在桌上扔了 20 美元的钞票并且告诉服务人员，服务每出现一次错误，他就会从小费中扣除 1 美元。（jm Curley）餐厅经理 Parick Maguire 把那位顾客带到一边并直截了当地对他说，他的所作所为表明他正在侮辱餐厅的服务人员。Maguire 打包了主菜并把

这位顾客和他的妻子送出了餐厅。[22]

餐厅并不是唯一“解雇”客户的地方。ING Direct 是一家网上银行服务提供商，旨在以低成本提供优质服务。公司表示它们每月都会将数千位客户的账户转移到其他银行，原因很简单，该公司设立的初衷并不是为了满足客户对频繁而广泛的电话或网上服务的明显需求。虽然这并不是彻头彻尾的“解雇”客户，但这种做法是有效的。

我们可以从上述“解雇”客户的几个公司的例子中得出以下几个结论：

1. 员工会立即将管理层的行为与工作场所的质量联系起来。

2. 这些事情发生在员工投入度和忠诚度很高的公司中。

3. 那些被公司视为服务对象的其他客户往往会赞同这种“解雇”。

4. 那些被“解雇”的客户很少会向他人抱怨自己的经历。

5. 通常情况下，被“解雇”的客户不仅会受到惩罚，而且还希望得到宽恕并再次获得服务。上面提到的 jm Curley 餐厅那位粗鲁的顾客，当被经理要求离开时，“开始变得懊悔，坚持要当面向服务员道歉。然后经理 Maguire 重新安排让这对夫

---

[22] “Dining Out: Good Manners Beget Good Service,” editorial, *Boston Globe*, August 20, 2012.

妇入了座……最后，顾客留下了40%的小费”[23]。

当然，所有这一切都以组织“解雇”客户时采用了恰当的方法为前提。这涉及：

1. 建立明确的流程。

2. 确保中层管理人员在场并参与其中。

3. 提醒员工“解雇”客户只有在明确和极端情况下才可以实施。

4. 向客户清楚地解释其不可接受的行为。

5. 承担导致组织与客户之间不匹配的部分责任（像ING Direct公司所做的那样）。

6. 大多数情况下，尽可能快速安静地处理问题，但也要充分了解受影响员工的情况。

新技术将使“解雇”客户变得更容易，又减少了排斥的意味。例如，新的智能手机应用程序不只是能让客户对服务提供者进行评级。在优步（Uber）和来福车（Lyft）这两大基于互联网提供个人交通服务的公司，司机也对乘客进行评级。[24] 评级低的乘客可能会发现他们得到的服务质量下降了，很少有司机愿意回应他们的用车需求。此功能不仅可以为司机提供更大的权限，而且也使管理层移交了质量控制的权利。这种形式的

---

[23] “Dining Out: Good Manners Beget Good Service,” editorial, *Boston Globe*, August 20, 2012.

[24] 可参阅Julie Weed, “In Turnabout, Some Companies Are Rating Their Customers,” *New York Times*, December 2, 2014, p. B7。

授权是否会对服务质量产生积极影响还有待观察。

校准透明度

开放的双向沟通渠道有助于实现无意外管理并获得随之而来的信任。但提高透明度要求制定一项有关在组织内部定期共享信息的数量和种类的政策，该政策要适合组织的文化和战略。是由最高管理层根据他们认为员工“需要知道的内容”来决定共享的范围呢，还是允许员工根据他们自己认为需要知道的内容从更大的信息库中挑选呢？总部位于印度的大型信息技术服务提供商 HCL Technologies 的副董事长兼首席执行官 Vineet Nayar 对该问题持有一个明确的观点：

> 所有 HCL 的财务信息都在我们的内网上，完全开放。我们把所有的家丑都露出来给大家看并解答各种问题。我们颠覆了公司金字塔形的组织结构，使反向问责成为现实。因此，我的 360 度评估对 50 000 名员工开放，结果发布在内网上供所有人查看……有 3 800 名经理参加了该评估。所有的评论都是匿名的以便人们可以畅所欲言。[25]

此外，Nayar 说：“我们正尽可能地让管理者去讨好员工。对于排名前 20 位左右的管理者来说，这可能会很困难。正如

㉕ Adam Bryant, “He's Not Bill Gates, or Fred Astaire,” *New York Times*, February 14, 2010, p. B2.

人们所说,‘第一次实施的时候令人非常苦恼’。”[26]

这种程度的透明度可能并不适合所有的组织和管理者，但事实证明，它在作为雇用和认可这些管理者的指导方针、鼓舞员工士气、在竞争激烈的劳动力市场中留住员工方面是非常有效的。Nayar 和他的公司已经提出这一重要问题并进行了回答，以在公司内部建立起高度的信任。

为基于团队的工作和团队合作而组织起来

许多提供优质服务的组织都是围绕团队而组织起来的，这并非巧合。基于团队的组织能够使工作场所看起来比实际更小，从而使大型组织能够处理因规模而产生的问题及对其文化造成的负面影响。这种组织支持团队成员进行自我管理，因为成员之间可以相互施加压力以把事情做对。团队，特别是那些拥有各种能力和性格的成员的团队，往往比单独工作的人更有创造力。[27]

Amy Edmondson 创造了“团队合作”这个词来描述这样一

[26] Jena McGregor, “The Employee Is Always Right,” *Businessweek*, November 19, 2007, p. 80. 也可参阅 Vineet Nayar, *Employees First, Customers Second: Turning Conventional Management Upside Down* (Boston: Harvard Business Press, 2010)。

[27] 可参阅 Gunter K. Stahl, Martha L. Maznevski, Andreas Voigt, and Karsten Jonsen, “Unraveling the Effects of Cultural Diversity in Teams: A Meta-Analysis of Research on Multicultural Work Groups,” *Journal of International Business Studies* 41, no. 4 (2010), pp. 690-709。作者得出结论，在团队中，“文化多样性所产生的任务冲突和社会融合减少会导致损失，但也通过提高创造力和满意度来获得收益”。

种现象：一群人因为能够与他人合作的能力而被聘用组成团队，聚集在一起以达成特定的结果，接着继续与新的团队成员一起完成他们的下一个任务。这是在许多提供服务的组织中出现的典型情况。正如Edmondson所说，“团队合作是一个动词，而不是一个名词”[28]。

团队的有效建立，无论是在狭义上还是在广义上，管理层都应承担某些责任。Richard Hackman对此进行了研究并得出结论，团队的成功建立要求他们有：（1）明确而有说服力的方向；（2）精心设计的任务；（3）强制执行的规范；（4）合作过程中足够的指导；（5）对团队成员清楚的了解；（6）基于团队的奖励制度。[29] 我们稍后会详细地讨论最后一项。

为实行员工自我管理的组织创建基础

团队可以为员工提供自我管理的基础，使组织最大限度地减少传统的管理投入。作为塔可钟的董事长兼首席执行官，John Martin在几年前无法找到或雇用足够多的管理者来支持他的发展计划时就发现了这一点。基于创新的必要性以及对创新的渴望，公司组织了一些业务单元形成自我管理的工作团队，

---

[28] Amy C. Edmondson, *Teaming: How Organizations Learn, Innovate, and Compete in the Knowledge Economy* (San Francisco: Jossey-Bass, 2012).

[29] 可参阅Richard Hackman和Diane Coutu的访谈，“Why Teams Don't Work,” *Harvard Business Review*, May 2009, pp. 99-105；以及Richard J. Hackman, *Leading Teams: Setting the Stage for Great Performance* (Boston: Harvard Business School Press, 2002)。

与其他几个业务单元共享管理者。通过适当的培训，这些团队能够独立进行招聘、培训、资金管理，并解决问题。它们总是得到比拥有专职管理者的业务单元更好的客户服务评级。

我们经常将控制视为一种过程，在这个过程中设定目标，衡量是否达到了这些目标，认可达到目标的人，并纠正那些没有达到目标的人。这并不属于能够为管理层带来更多快乐和报酬的过程。就只要求管理者完成员工的年度考评吧。在优质的工作场所，领导者试图为此做点什么。

将控制与学习和反思相结合。目前有一种趋势，就是用持续的观察和指导来取代业绩衡量及评价的传统基石——年度考评，这是对新一代领导者和员工的要求的回应，他们通常更重视个人发展和针对工作（有时是他们的个人事务）而非金钱的频繁的反馈。事实证明，频繁的反馈在服务组织的各个层级都非常有效。

这种做法的一种形式是恺撒娱乐每个班次之前的“团队围坐”。上班前进行的10分钟会议带来的回报要远超成本：员工对于问题有更好的了解（昨天出了什么问题，我们需要做些什么才能确保今天不会出现同样的问题，有关业务的信息，等等），获得更好的发展和更高的满意度，所有这些都可以带来更优质的客户服务和更忠诚的员工。

最近的一项研究测量了在每天工作结束时让员工用15分

钟的时间对其工作及改进方法进行反思所产生的经济影响。[30]在与学生们一起测试了这个想法后，这些研究人员在总部位于印度的业务加工外包公司威普罗（Wipro）实地进行了研究。测试组中，威普罗在每个工作班次结束后留出15分钟，让员工们反思当天所学到的东西。即使对照组中的员工每天多工作了15分钟，测试组的绩效也比其高出20%以上。

所有这些实践都表明，对于员工而言，专门用于预先计划或事后反思的时间可能比我们传统上认为的工作时间更重要。

为自我管理进行招聘和组织。促进学习和自我管理的组织配置对工作场所的质量具有很大的影响。正如我们所看到的，团队和协作是最重要的。为了取得成功，组织会严格招募那些愿意从同侪那里获得更多指导而不是从顶层获得更多指导的人。在谷歌这样一个依赖员工自己为自己提供指导的公司工作并不适合所有人。记住我们在全食超市所看到的：基于团队的激励，工作上的认可，与信息透明政策相匹配的回报，拥有广泛的自由并能够对自己的命运负责的团队，以及为获得成功而采取的必要的纠正措施。这种基于团队的组织可以减少对一些最令人不快的任务的管理，同时更好地实现控制。

---

[30] Giada DiStefano, Francesa Gino, Gary Pisano, and Bradley Staats, "Learning by Thinking: How Reflection Aids Performance," Harvard Business School Working Paper No. 14-093, March 2014.

强调非财务指标和平衡计分卡

如果未来服务成功的最佳预测因素是非财务指标，例如员工和客户忠诚度、投入度和主人翁精神，那么组织将发现在设定目标和衡量绩效时强调这些因素对它来说很有意义。服务组织可以通过财务和非财务指标的组合来衡量绩效，这种方式既合乎逻辑又行之有效。正如本书第三章所指出的那样，服务利润链通过员工、客户和财务指标——平衡计分卡——自然地追踪绩效。[31] 这些指标所占的权重并不一样。由于服务组织的大部分绩效都是由员工驱动的，所以员工投入度、忠诚度和生产率衡量指标可能是平衡计分卡中最重要的因素。

员工低保留还是高保留的战略决定

服务活动的管理为“人们为何要工作”这个基本理念的实施提供了很大的讨论空间。两种本质上不同的人力资源战略，涉及高、低两种程度的员工保留率，管理者可以根据本质上合理的理由进行选择。基本上，他们可以询问一个员工数量虽少但受到的训练更好、员工收入更高的组织是能够更有效地运作，还是恰恰与此相反。答案取决于服务质量和客户忠诚度等因素对实现组织目标的重要程度。

总结 David Glass 担任沃尔玛的首席执行官时做出的评论，

---

[31] Kaplan and Norton, *The Balanced Scorecard.*

基于轶事和案例研究，我们有了一个观点。我们记得他说的是“给我数量更少的员工，为他们提供更好的训练、更高的工资，那么他们每次都会成功”[32]。我们对这个选择的观点可以用我们以前用过的两个词来表达：低保留战略（平庸的循环）[33] 和高保留战略（成功的循环）。但是，让我们明确一点：如果根据内在一致的逻辑不懈地推行这两种战略，那么两者都可以成为成功的战略。

低保留战略的逻辑。低保留战略的核心是将工作简单化，不花太多精力对求职者群体进行挑选，培训少，薪酬相对较低（见图 4-1）。所有这些实践，如果与 20 世纪初泰勒主义运动相似的实践所产生的合理生产力相结合[34]，可能会产生低价格，从而吸引某些客户。产生的结果可能是：旨在适应低技能水平的重复无聊的工作，相对较低的员工满意度，相对较差的服务态度，高人员流动率，相对较差的服务质量。但是由于挑选和培训员工的成本比较低，所以可以随时更换员工。如果客户认为服务并不重要，他们就不会离开。这样的组织由于业务损失而付出的成本相对较低，可以获得合理的、可接受的利润。所有这一切都表明这种战略在发挥作用。

---

[32] 该引用已被核实：David Glass，April 10，2002。

[33] 刚开始时我们称之为“失败的循环”，我们的同事 Christopher Lovelock 建议我们将其改为“平庸的循环”。为了消除这一名字中不好的感觉，我们做了进一步的修改。

[34] 可参阅 Robert Kanigel，*The One Best Way：Frederick Winslow Taylor and the Enigma of Efficiency*（New York：Viking，1997）。

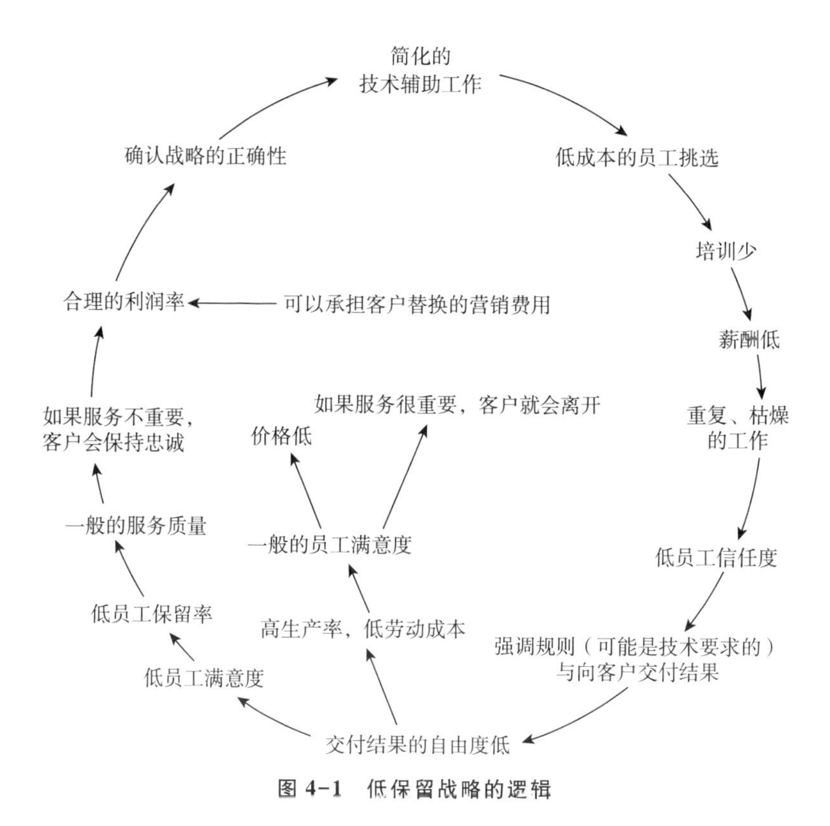

图 4-1　低保留战略的逻辑

尽管如此，这种战略的后果也可能是：低质量的服务，高客户流失率，高度的客户不满，为了替换流失的客户而需要付出大量努力，客户关系的不连续性。这些是在低保留战略的经济分析中经常被忽略的成本。例如，美国通过《平价医疗法案》之后，许多雇主提供了每周工作时间少于 30 小时的工作，因为超过 30 小时后，雇主就需要为雇员提供健康福利。这将不可避免地导致面向客户的员工的流动率更高。在某些情况下，这种低保留战略会导致意想不到的不良后果。

高保留战略的逻辑。第二个战略就是我们认为的“成功的循环”，是为那些需要员工判断力的相对复杂的工作而设计的（见图4-2）。这种战略需要谨慎的员工选择、广泛的培训和高于市场一般水平的薪酬，所有这些都会导致相对较高的劳动力成本。它要求赋予员工较大的自由度，以便向客户交付结果，这通常被认为会带来相对较高的服务质量以及那些重视服务的客户的高度忠诚。这种战略可以减少客户流失所带来的成本损失。老客户会通过将组织推荐给新客户帮助组织进行宣传，从而降低组织的营销成本。其他那些认为不值得为高质量服务花费太多钱的客户可能会离开。他们没有被新的同类客户替换，再次避免了不必要的营销成本。

高成本的员工选择、培训和工资可以与高水平的员工忠诚度相抵消，这对提供高质量的服务也至关重要。

所有这些都促成了目标客户的保留（以及那些非目标客户的流失）、合理的利润以及战略的正确性。请注意，此处的主要目标是高保留率，这被视为此战略中留住客户及带来利润的因素之一。

这种战略的一个结果是忠诚的员工提供了相当高的生产率，抵消了支付给他们的高薪酬。当这个战略起作用时，整体的劳动力成本/销售比率会降低。在其他情况下，组织可能需要制定比较高的价格以抵消更高的成本，保持利润率。

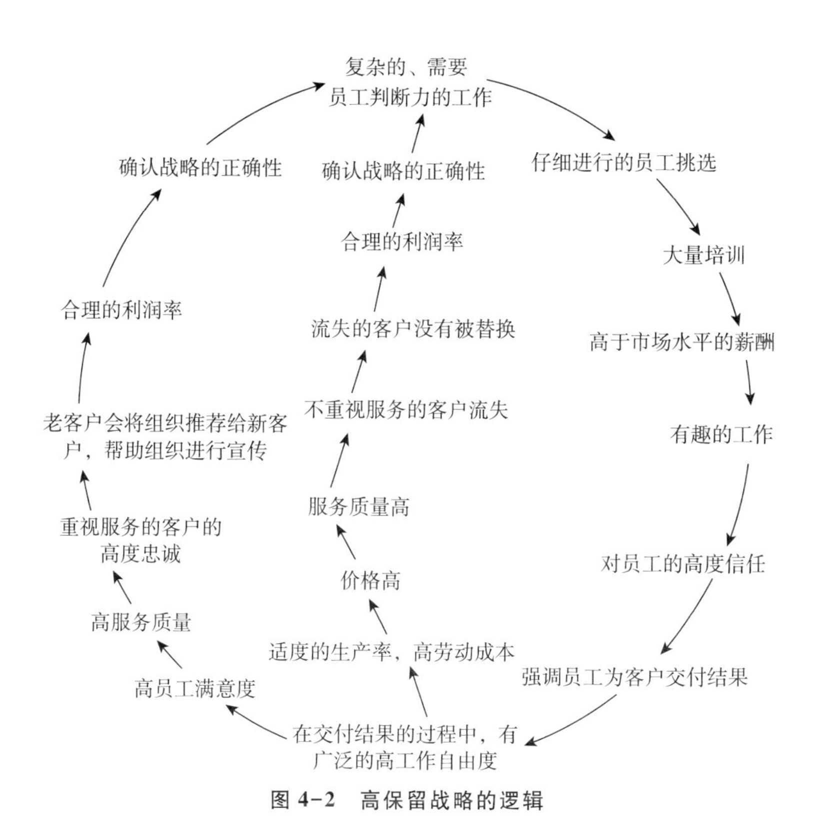

图 4-2　高保留战略的逻辑

案例：好市多与山姆会员店。David Glass 为沃尔玛工作时的评论颇具讽刺意味，因为他的公司并没有遵循高保留战略，而其竞争对手之一的好市多却采用了这一战略。本书编写时，好市多的起始工资比全美国最低工资高出约 40%，平均工资几乎是最低工资的三倍。其首席执行官 Craig Jelinek 在评论公司政策和提倡更高的全国最低工资时表示：

在好市多，我们知道向员工支付高薪酬对于公司来说很有意义。我们支付高起薪……我们仍然可以降低管理费用。好市多商业模式成功的一个重要原因是能够吸引并留住优秀员工。我们知道，从长远来看，最大限度地减少员工流动并提高员工的工作效率、投入度和忠诚度，比最大限度地降低薪酬更能获利。[35]

几年前针对好市多及其直接竞争对手沃尔玛下属的山姆会员店的战略进行的分析印证了 Jelinek 的观点。[36] 这一分析的作者 Wayne Cascio 试图计算两家连锁店员工的流动率。他总结说，在低保留战略中，招聘、培训和生产率损失导致的成本增加远远超过在高保留战略下支付更高薪酬的成本。即使好市多向员工支付的薪酬比山姆会员店多 70%，并且支付了近两倍的医疗保险费用，其更高的员工保留率和生产率还是使每位员工给公司带来的利润几乎增加了一倍。他对好市多和山姆会员店成本及生产率的比较如表 4-1 所示。

表 4-1　2005 年好市多和山姆会员店的成本及生产率比较

	好市多	山姆会员店
商店	338 家	551 家
专职雇员	67 600 人	110 200 人

[35] Bonnie Kavoissi, "Costco CEO: Raise the Minimum Wage to More Than $10 per Hour," *Huffington Post*, March 6, 2013.

[36] Wayne F. Cascio, "Decency Means More Than 'Always Low Prices': A Comparison of Costco to Wal-Mart's Sam's Club," *Academy of Management Perspectives*, August, 2006. 也可参阅 Cascio, "The High Cost of Low Wages," *Harvard Business Review*, December 2006, pp. 23-33。

（续表）

	好市多	山姆会员店
每小时平均工资，2005（2013*）	17 美元	（20.89 美元）
医疗保险覆盖率（%）	82%	<50%
每位员工医疗保险的平均成本	1 330 美元	747 美元
员工流动率（所有员工）	17%	4%
一年后的员工流动率，2005（2013*）	6%（5%*）	n/a
员工流动成本/年薪	60%	60%
每位员工的替换成本	21 216 美元	12 617 美元
总流动成本	244 000 000 美元	612 000 000 美元
每位员工的流动成本	3 628 美元	5 274 美元
员工工会化率	15%	0
损耗率（丢失和被盗）	行业最低**	未知
2005 年销售额	37 000 000 000 美元	43 000 000 000 美元
营业利润/每小时员工工作量	21 805 美元	11 615 美元

资料来源：改编自 Wayne F. Cascio, “The High Cost of Low Wages,” *Harvard Business Review* 84, no. 12 (December 2006), pp. 23-33。

* 资料来源：Brad Stone, “How Cheap Is Craig Jelinek?” *Bloomberg Businessweek*, June 10-16, 2013。

** 资料来源：好市多和沃尔玛的年报。

虽然这两家公司在运营方式上都极其精简，但涉及劳动力方面，它们有明显不同的战略。好市多虽然没有接受工会，但也没有阻止员工加入工会——约有 15% 的员工加入了工会。山姆会员店却设法避免工会化。尽管好市多不得不面对投资者的批评，即公司向员工支付的薪酬过高，但好市多和山姆会员店都是成功的。这一事实，加上从一种战略转变为另一种战略的任务十分艰巨，解释了为什么这两家公司采取了不同的方式。[37]

与成功或失败的关系。将我们的低保留战略和高保留战略等同于成功或失败将是一个错误。每一种战略都迎合了不同潜在员工群体的需求和心理。无论通过何种管理过程实现，都会出现有些员工被自我实现激励，有些员工被金钱激励的情况。这两个群体如果可以适当地与满足其主要需求的组织相匹配，就可以为客户、投资者和他们自己带来良好的结果。

培养果敢地提供服务的能力：重提 Mabel Yu 的例子

先锋集团认可 Mabel Yu 在指导其投资者远离那些复杂并被证明不安全的投资上所做的出色工作，如果没有从这件事情的另一面看到先锋集团是用什么方式认可 Mabel Yu 在指导其投资者远离那些复杂并最终被证明不安全的投资上所做的出色工作，那么本书对绩效反馈和认可的讨论就不完整。多年来，Mabel Yu 保守的建议导致投资者的回报低于先锋集团竞争对手的回报，她说："管理层并没有找我任何的麻烦。那些年我

---

[37] 在我们完成这本书的时候，沃尔玛宣布将提高员工的最低工资，提供更有规律的工作安排，并专注于招聘和留住"更好的人才，使其可以改善其业务……（拥有）运营更好的门店、更满意的顾客以及实现销售利润的增长"。Anne D'Innocenzio, "Wal-Mart Is Raising Its Wages," *Sarasota Herald-Tribune*, February 20, 2015, pp. D1-D2.

只得到中等的评价，但没有大问题。”[38]

Mabel Yu 的决心帮助先锋集团避免了几乎所有其他投资了衍生品的金融机构所面临的问题，因此她成为媒体明星，被纸质媒体报道并在国家电台接受采访。因为先锋集团不支持人才明星化，并且通常并不大肆宣扬个人表现，因此她只获得了低调的认可。但她确实被创始人 John Bogle 邀请共进午餐。正如你可能猜到的那样，午餐是在员工餐厅里吃的，由 John Bogle 付账。但据说 Yu 点了“沙拉和饮料，遵循先锋集团的 5 美元午餐优惠券庆祝传统”。正如 Yu 所说：“他非常节俭，所以我也想按照他的方式做事。”[39]

这个故事想要传达的信息很清楚。组织的价值观和行为可能是由组织的各个部门发展而来的，但它们最初的沟通和保护始于最高领导层。如果这些价值观和行为在组织中得到清晰的阐释及严格的遵循，那么就有助于创建一个能够吸引最优秀人才并让这些人才做出果敢决定的工作场所。这不禁让我们想起了西南航空的员工在面对轮椅上那个急需清理自己并穿上得体服装的乘客时采取的行动。

培养果敢地提供服务的能力：西南航空的例子

西南航空的工作人员说的第一句话是：“我会帮你解决问

---

[38] Davenport and Manville, *Judgment Calls*, p. 153.

[39] 同上书，p. 157。

题（确保快速消除乘客的焦虑），但我希望你能与我合作。”她请该男子跟着她去员工休息室快速淋浴，换上其他工作人员提供的衣服。他同意了，最后他按时登上飞机，并且没有投诉说自己受到了歧视性的待遇。

这位工作人员说的第一句话挽救了本来可能是灾难性的服务接触。这件事情证明了高保留战略为员工、客户和投资者带来的价值。想象一下，如果随意招募员工，这些被选中的人并没有表现出对业务的热情以及良好的判断力，而且也几乎没有接受处理紧急突发情况的培训，那会发生什么？更糟糕的是，如果没有让工作人员明白她有权在没有与她的主管商榷的情况下做出她认为必要的事情，那会发生什么？这些故事并不是编造的，会随时在以态度为雇佣标准、培训员工技能的服务组织中发生。

服务的高保留战略是否在未来更有利？

未来面临的一个问题是，我们能否看出趋势是采用低保留战略还是高保留战略来提供服务？我们的倾向是显而易见的，否则我们不会强调一线服务人员在经过精心挑选和培训、得到管理层的全力支持，以及面对不寻常的情况时被赋予迅速行动的自由度（在限定范围内）后做出正确判断而产生的有利影响。

对于一些观察者来说，高保留战略的未来似乎很黯淡。一项针对许多国家管理人员的研究发现，大约四分之一的人计划在第二年离开他们所在的组织。在美国，问题似乎最严重，只有14%的公司回应说留住员工不是问题。这一比例低于亚洲，约为欧洲的一半。[40] 随着经济不断从2008年大萧条中恢复，就业的选择面将会扩大。更多有关工作机会的信息和更方便获取信息的技术途径比以往任何时候都更容易获得。人才供应不会超过需求。所有这些因素都会使保留员工成为越来越大的挑战。

这个前景可能促使沃尔玛的领导层在我们完成本书后至少采取适度的措施来实现高保留战略。沃尔玛于2015年年初宣布将提高支付给员工的最低工资和平均工资，更重要的是它宣布将提供更加常规的工作时间表、更多的晋升机会，并专注于招聘和留住“更好的人才，以便改善业务……（有）更好的商店、更满意的顾客以及增加的销售和利润”[41]。考虑到沃尔玛的规模和在零售商中的影响力，它的行动至少引起了对实施高保留战略可能性的关注。

这意味着，对于那些希望通过高保留人才战略实现服务突破并愿意采取实际行动的组织来说，只有在少数组织能够完成这一任务时，它们才能将自己与其他组织区别开来。

---

[40] Huntley Manhertz Jr., “Worldwide Trends in Employee Retention,” AchieveGlobal, http://www.achieveglobal.com/resources/fles/Worldwide_Trends_Employee_Retention_Report.pdf, February 2011. 此项针对几个国家738位管理者的研究发现，其中有四分之一的管理者打算第二年离开。

[41] D'Innocenzio, “Wal-Mart Is Raising Its Wages,” p. D2.

到目前为止，我们已经很明白，优质的工作场所有许多动态的因素，其中一些因素必须谨慎地按照顺序进行排列。所有这些都依赖于其中最重要的因素：组织领导者的素质。这些因素共同作用使工作更轻松、更愉快，尽可能让一线服务人员成为客户心目中的英雄。

优质的工作场所和这些地方的员工是为客户创造价值的核心。当领导者采取有效的措施和管理实践，并拥有为组织提供竞争优势的技术和系统的支持时，他们可以提供世界级的高水平服务。在接下来的两章中，我们将讨论服务交付过程中的要素。

第五章

突破性服务运营的基本要素

杰出服务业领导者应知：

有效的服务运营战略必须为员工、客户和投资者创造价值

杰出服务业领导者应行：

确保实现多赢的手段与优势——服务业三连胜

恺撒娱乐有一项针对高终身价值客户即那些在该公司“全面回报”（Total Rewards）会员奖励计划中的钻石和七星会员的政策。根据这项政策的规定，这些客户在寻求获得公司旗下的任何服务时都无须排队等候。如果有需要，公司会为他们开设额外的通道。因此，如果服务窗口前的高价值客户通道超过两个人，价值较低的客户（黄金或白金会员）通道将被关闭，而钻石和七星会员的通道将被开启。如果黄金会员对此有所抱怨，恺撒娱乐的员工会建议他们，如果他们提升对恺撒娱乐的忠诚度，有朝一日他们也有资格享有钻石或七星会员的待遇。他们将从“全面回报”的小册子中了解到，要想成为更高级的会员就必须提升他们对恺撒娱乐的价值——从黄金会员

的 2 000 美元终身价值，提高到钻石会员的 10 万美元终身价值或七星会员的一年 5 万美元。无论在游戏桌上的输赢如何，他们都可以通过增加惠顾的次数来实现。

这一政策要求员工知晓哪些人是公司的高终身价值客户，而做到这一点需要：(1) 最先进的信息技术支持系统；(2) 有效的一线“情报中心”；(3) 配备灵巧的设备，例如方便变更的名牌，以提高服务接触的灵活性；(4) 一套促进客户忠诚度的战略；(5) 选拔和培训有能力协助公司执行政策的员工；(6) 培训客户，使其了解奖励计划提供的特权。

确保钻石和七星会员永远无须排队等候是恺撒娱乐竞争优势的一个来源。这也表明，实现竞争优势有着数不尽的方法，而且常常同时采用多种方法。诀窍就是挑选那些符合公司宗旨、文化、战略和能力要求的人。公司负责提供情境，而竞争优势就在情境中建立起来。

恺撒娱乐之所以从服务组织当中脱颖而出，是因为公司的管理者明白：运营战略需要同时为客户和员工服务。这些运营战略的设计和实施也会带来杠杆作用及竞争优势。

杠杆作用意味着“以少做多”。而杠杆作用的来源可能会也可能不会创造竞争优势。例如，有许多技术可以应用于服务交付中，从而以更少的努力和更低的成本产生更大的效果。但是大多数的技术都不是它们的使用者专有的，即使它们极有可能产生杠杆效应，也几乎不会带来长期的竞争优势。

相对于领导力、服务战略、文化和工作场所这些宏大而影响深远的话题，下文将要讨论的杠杆作用和竞争优势的来源则是服务运营的一些基本要素——通过加强或放松这些要素，可以满足特定运营战略的需求。

评估杠杆作用和竞争优势的来源：服务业三连胜归来

几年前，联邦快递（Federal Express，现名为 FedEx）测试了第一批快递跟踪装置，这些装置提供的信息对公司及其客户而言都非常重要。这一想法提高了客户服务的价值，同时，更好的包裹跟踪意味着更低的成本和更高的投资者利润。但是这些装置难以使用，联邦快递的员工们也认为它们加大了工作难度。员工们的反对意见越来越强烈，以至于公司不得不停止该项目，并重新设计了流程与技术。在这个例子中，第一章里首次提到的服务业三连胜——员工、客户和投资者皆获益——并没有实现。

重要的杠杆作用和竞争优势来源与第一章中介绍的员工、客户和投资者价值等式有关。这些来源可以在寻求更有效的交付结果或提升员工及客户的服务体验的方法当中找到。对于员工来说，他们是塑造“最佳工作场所”的文化和组织要素，并且难以复制。对于客户而言，他们是确保结果和积极、独特的服务体验的要素。对于投资者来说，他们是有助于增加投资回报的创新的方法。

我们可以从以上角度审视恺撒娱乐看似简单的排队管理。

恺撒娱乐对员工进行培训，给予他们相关信息和工具以取悦公司最忠实的客户，同时刺激、诱导（或指导）它的其他客户。他们的工作为服务赋予了新的内涵，同时让客户觉得自己受到了更大的尊重。在不严重影响其他消费者感知的同时，一些客户享受的服务价值得到了提升。投资者为他们的公司赢得了更高的收入和利润。也许最重要的是，这种服务业三连胜带来的竞争优势是可持续的。恺撒娱乐的竞争对手缺乏复制这一政策所必需的信息或组织方式，这就是恺撒娱乐的竞争优势所在。

在评估新的想法是否能带来杠杆作用和竞争优势时，要永远牢记服务业三连胜理念。问问自己：这些想法是否在提高员工和客户价值（以一定成本条件下效用和高质量的体验作为衡量指标）的同时又增加了投资者的回报？如果答案是肯定的，那么这些有关杠杆作用来源的想法就达到了服务突破的标准。如果这一想法带来的差异化价值是可持续的，那么它们也同时创造了竞争优势。

制定实现战术和战略优势的运营战略

为了实现杠杆作用和竞争优势，运营战略中的创新性要素涵盖了战术和战略层面。本书挑选出了一些被证明在合适的情境中能够产生高回报并对经营绩效具有积极影响的战略要素。获得这些要素需要投入的精力各不相同。所有这些战略都有其局限性，因而必须谨慎地应用以为客户、员工和投资者创造价值。战略实施失败的原因几乎总能归结于未能考虑到客户、员工和投资者三方其中一方的需要（即未能实现服务业三连胜）。

使服务可见与可感知

许多服务是不可见和不可感知的，例如清洁服务。这就是为什么全球清洁服务公司欧艾斯指导员工要留下证据表明他们曾彻夜工作。欧艾斯的员工在半夜打扫办公室，客人（以及员工相互之间）经常看不到他们所做的工作。因此，他们会通过一些证据提示自己提供了服务，例如整理过的桌面、重新仔细叠放的卫生纸。

遵循类似的逻辑，越来越多的餐厅设计了顾客可见的厨房。顾客们想看到食物的制作和准备过程。许多顾客对此感兴趣。而对另一些顾客来说，可见的厨房则向他们保证了餐厅无所隐瞒。近些年来，机场的设计也发生了变化，乘客们在航站楼里可以看到外面的飞机。这一调整变动是基于以下发现：当乘客们知道飞机就停在登机口外时，他们的焦虑感能够减轻；如果他们能看到飞机，则焦虑程度会进一步降低。

在上述每个例子中，这样的做法都带来了各自不同的好处。在第一个例子中，清洁服务留下的证据为管理层和客户都创造了价值。在第二个例子中，餐厅揭开了食品准备过程的面纱，为客户提供了质量和安全方面的保证——这是一种通过使服务变得“可见”而进行的隐性质量控制。在第三个例子中，机场通过航站楼的设计减轻了客户的焦虑感。以上三个例子都说明：有时稍加投入即可提高员工和客户的服务体验质量（并由此创造价值）。

管理排队

排队是许多服务的一项特征，尽管其效果有好有坏。它反映了一个组织即便已经采取措施（如预订系统）避免排队，但仍无法精准地平衡供求。以善于策划服务体验著称的迪士尼每天都面临着主题乐园的排队问题。当一个组织力求在高效使用昂贵精密的设备设施和提供令来访者难忘的体验之间寻求平衡时，排队就是这个组织的生活真相。对于这类组织而言，排队是无法改变的事实。一种解决办法就是使不可避免的等候和其他服务一起成为服务体验的一部分。

排队的设计和管理方式影响着客户对服务质量的感知。这里的关键词是“感知”，因为正如几年前 David Maister 在一篇讨论等待心理的里程碑式的文章中所描述的，我们对排队的感知与实际的等待时间几乎无关。①

缩短感知到的等待时间。在客户开始排队后，若采取下列做法可以缩短感知到的等待时间：（1）立即与客户进行确认，将“预处理的等待”（Maister 称之为最糟糕的等待类型）转变为“处理中的等待”；（2）减轻客户的不确定性和焦虑程

① David A. Maister, “The Psychology of Waiting Lines,” in *The Service Encounter*, John A. Czepiel, Michael R. Soloman, and Carol F. Suprenant, eds. (Lexington, MA: D. C. Heath, 1985), pp. 113-123.

度；（3）使客户在等待时能够打发时间；（4）让客户等待的时间短于预期。

在繁忙的机场，航空公司会在长队的末尾安排工作人员，以便在乘客开始排队时就有人照看他们。即使工作人员没有立即采取行动，高度焦虑的乘客也会感觉自己的需求得到了关注。在乘客得到关注后，他们就会觉得办理流程已经开始了。

排队是一个不确定的命题。为了减轻这种不确定性和焦虑程度，餐厅会告知我们等待某个餐位需要的时长。在繁忙的高速公路上，如今的交通标志会告知我们两点之间的行车时长。迪士尼主题乐园在游客排队的沿线设置指示牌，根据最近的情况预估等待的时间，并实时向游客提供最新的信息。

研究表明，人们在忙碌时比空闲时感觉时间过得更快。因此，任何帮助客户在等待时打发时间的做法都会缩短等待的感知时间。等待区域通常会放置镜子，吸引那些排队的客户整理他们的仪容仪表，而这是很少人能够抗拒的。在等待期间，可以向客户进行销售或为他们提供其他信息帮助他们打发时间。然而，重要的是，无论销售什么，都要让客户感觉东西是有用的。

前文提到，迪士尼主题乐园会在排队队伍中的多个节点公布等待时间。它们公布的是保守估计的时间以确保实际等待时间短于预期。因为“超出预期”的战术是优质服务的基本原则之一，所以组织必须做到低承诺、高兑现。长远来看，即使保守估计会使一些客户望而却步，这一做法仍将被证明是一个很好的建议。一个受误导而感到不满意的客户会带来足够多的负面口碑，使得这种负面影响远大于失去一笔交易造成的损失。

使队伍看起来比实际更短。商店门口大排长龙通常被视为商业成功的标志，它表明客户愿意为参与某种娱乐活动或获得其他服务而付出代价。然而，这些长队并不是一项良好服务的标志。

更糟糕的是，很少有设施容纳得下排得长长的一队客户。这就是机场安检站和迪士尼娱乐场所设计了折叠型等候队伍的原因。这也是一些设施的构造设计使排在后面的客户无法看到等候区域的原因。

同时必须注意，要确保客户不会因为过多的隐瞒排队长度的企图而感到上当受骗。虽然客户可以在一定限度内容忍这种做法，但经历多次体验后他们会开始把服务提供商与欺骗行为联系在一起。

确保公平或者管理不公平。如果等待的队伍不止一队，我们总会选错从而排在慢的那一队，至少看起来是这么回事。单队列被认为更公平也移动得更快，因此使人产生“服务更优”的看法。在迪士尼，单队列是一种规范。这么做还有另外一个优势，那就是使迪士尼的工作人员能够以一种更加井然有序的方式与游客互动。过去的十年里，在许多服务行业中，单队列排队法已经取代了多队列排队法，包括机场和银行的柜台以及电影院售票处。

尽管在某些情况下，平等的客户待遇是重要的，但也存在另一种战略，即有意地根据客户的忠诚度而向其提供有差别的服务待遇。一些服务组织的产品销售频率较高，它们之中就有许多采用了这一战略。例如，它在旅游业中几乎普遍存在，导致出现了针对不同客户的五花八门的优惠价格和服务。尽管有些组织试图避免让客户感觉到服务的差异化，另一些组织却将展示服务不平等作为向未获得优惠待遇的客户增加销售的一种战略。恺撒娱乐就是这么做的，它们培训员工将客户对不平等的抱怨转化为向客户推销会员升级的机会。客户只有通过增加他们在恺撒娱乐的消费才能获得更高级别的待遇和更多的优惠。

管理“服务的书挡”

近年来，汽车经销商已经意识到服务部门是重要的利润来源。因此，一些汽车经销商将最品貌兼优、知识渊博的员工分配到客户到达时的迎接岗位上。这么做的原因何在？不妨把汽车服务组织想成是一种医院。与所有医院一样，问题诊断是优质服务的关键步骤。在服务运营中，第一个步骤表现得专业会带来丰厚的回报——更好的效益和更低的供应商成本。在客户对服务的评价中第一印象也具有重要的意义。

处于服务流程另一端的最后印象也很重要。诺贝尔奖得主 Daniel Kahneman 进行的一项研究发现，患者更愿意再次接受那些给他们留下较深刻回忆的治疗过程，即使这些过程使他们感到更加痛苦。人们对体验的记忆深受两个因素的影响：高峰

（无论是正向的还是负向的）与结束时的感觉，Kahneman 称其为“峰终定律”[2]。这就是为什么汽车经销商可能会在你到访结束时清洗你的汽车，尽管他们也许并没有读过 Kahneman 的著作。

Huggy Rao 和 Robert Sutton 提到了一项由学生开展的实验。学生们在实验中测量了他们协助捷蓝航空（JetBlue Airways）的乘客领取行李所产生的效果。航空旅行临近尾声时的行李提取是整个体验最后也最令人焦虑的一个环节。Rao 和 Sutton 的报告称，“乘客及捷蓝航空的员工对这一协助反馈积极，此事令公司领导们印象深刻。于是，他们加大力度使行李提取的体验尽可能顺畅”[3]。

我们已故的同事 Daryl Wyckoff 博士称这些“服务开端和结尾”蕴含的机会为“服务的书挡”。这一概念有助于解释为何相比于其余食物，用餐者倾向于记住第一道菜（沙拉和面包）和最后一道菜（甜点）。同时，用餐者对迎接和告别服务也会印象深刻。当然，卓越的服务书挡并不能取代服务中其他流程的质量，但它们也许会使顾客在回想服务体验的质量时，脑海中有更多美好的印象。

---

② Daniel Kahneman, *Thinking, Fast and Slow* (New York: Farrar, Straus and Giroux, 2011), especially pp. 380-409.

③ Huggy Rao and Robert Sutton, “Bad to Great: The Path to Scaling Up Excellence,” *McKinsey Quarterly*, February, 2014, http://www.mckinsey.com/Insights/Organization? Bad_to_great，这段节选自同一作者的一本书：*Scaling Up Excellence: Getting to More without Settling for Less* (New York: Crown Business, 2014)。

管理客户

许多服务组织通过让客户参与服务交付的流程来降低成本，以实现价值高于成本的杠杆效应。如果客户甚至员工都能在这个过程中自得其乐，那就太好了！这就是杠杆作用。例如，在金泰迪工作室（Build-a-Bear Workshop），客户可以沿着销售站点移动，逐步选购泰迪熊的“皮肤”、填充材料以及其他配件，亲手制作。员工不是参与销售，而是协助客户，并招待那些在最繁忙的销售站点排队的顾客。这个运营战略由多个要素构成：雇用的员工类型、自助流程的特性，以及店铺的布局。它使得金泰迪工作室具有可持续的竞争优势。对于潜在的竞争对手而言，想要复制这家公司的品牌忠诚度并非易事。

然而，客户配合组织一同创造杠杆效应的意愿毕竟是有限的。纽约的美食餐厅麦迪逊公园十一号（人均消费标准为225美元）就发现了这一点。[4] 为应对经济大萧条导致的生意低迷，店主Will Guidara和Daniel Humm做出了一些改变以增加利润。调整的内容包括简化菜单和限制座位，餐厅因此只能容纳88位顾客，但能提供更高的舒适度。正当他们考虑缩减整个行动规模的时候，一位颇具影响力的《纽约时报》评论家给

---

④ John Colapinto, “Check, Please: The Challenge of Creating a World-Class Restaurant—and Turning a Profit,” *New Yorker*, September 10, 2012, pp. 58-65.

餐厅打出了 4 星的最高评价。这一评价导致几乎在一夜之间，这家只提供 88 个座位的餐厅外排起了等候长龙。一夜之间，问题的实质从“填补空位”变成了“翻台率”。翻台率是餐饮行业的术语，表示加快顾客的用餐速度以提高餐桌的利用率。

为了避免顾客在用餐后继续逗留，提高餐桌的翻台率，Guidara 和 Humm 开始在顾客用餐结束后一会儿，邀请他们参观厨房。厨房之行包括饮用一杯特别的鸡尾酒，以及在休息室品尝一杯干邑白兰地，并在离开餐厅时带走一份小礼物（遵循了服务书挡的重要性原则）。尽管一些顾客喜欢翻台战略，但很快回头客们就开始因为失去自己对用餐过程的控制而反对这一做法。因此，店主再次调整了餐厅的战略，取消了厨房和休息室之行，改成仅提供 12 道菜及总共 4 小时的用餐时间，不像原来那样限制顾客在餐桌上的时间。这一改变导致的价格上调似乎并没有减弱麦迪逊公园十一号顾客们的热情，他们中的大多数人对价格并不敏感。服务业三连胜再次得以实现。

让客户协助工作

多年以来，当客户们感知到协助服务工作符合自身利益时，他们表示乐意参与。例如，近一个世纪以来，自助服务已成为超市和其他零售业的一种日常惯例。客户可以通过多种方式协助工作——例如，他们可以共同创建服务、控制服务质量以及开创新业务，等等，以下仅列举其中的几个。

让客户参与服务共创。亚马逊（Amazon）最明智的决定之一就是邀请客户评论他们购买的书籍（以及后期出售的其他商品），并使客户评价变得更方便易行。自愿评价的客户人数出乎意料地多，他们在亚马逊网站上“发表”评论，提升了网站对其他客户的价值。该网站的评价功能独树一帜，给公司带来了宝贵的访问量和销售量。这一模式已经被其他许多线上服务组织模仿。愿意以这种方式协助提供服务的客户似乎无穷无尽。

如今，大多数网站都能实现某种类型的客户服务共创，最常见的是预订服务：从航空公司机票到各种娱乐活动以及体育场馆座位的预订。

但是，并非所有让客户协助提供服务的努力都取得了极大的成功，尤其是那些忽视了服务业三连胜理念的举措。例如，如今有越来越多零售商店，如杂货店和药店采用自助结账方式，但结果却不尽如人意。正如 Frances Frei 所指出的，自助结账“目前是存在问题的，原因很简单：购物者的付出得不到多少好处，甚至得不到任何好处”[⑤]。某些情况下，自助结账不仅不能节省客户的时间，而且也不能减轻员工的工作量或是给投资者带来长期的收益。它也许是服务业三连胜的一个反面例子。原因在于结账需要不断操作才能熟练，而员工的工作内容恰好使其能做到如此。客户却必须自己去学习结账的流程，有

---

⑤ Frances Frei and Anne Morriss, *Uncommon Service: How to Win by Putting Customers at the Core of Your Business* (Boston: Harvard Business Review Press, 2012), pp. 75-76.

时会犯错而不得不从头开始，因此变得懊丧不已。但是在过去，结账这一流程是由商家代为操作的，且耗时更短。为了解决这一问题，一些零售商安排员工站在自助结账区附近协助客户，但这样一来也降低了自助结账流程为投资者创造的经济优势。

尽管有这样一些注意事项，客户共创服务依然是杠杆效应的重要来源，在某些情况下甚至也是竞争优势的来源。我们后面会再介绍这一现象。

让客户协助进行质量控制：服务保证。传统上，服务保证被制造商用作产品促销的手段，尤其是那些在购买者心目中具有高度感知风险的产品。这就是为什么在汽车行业发展初期，汽车制造商就对产品提供保修服务。很久以前，所谓的退款保证就成了产品制造商的主要营销战略。

近来，有服务提供商使用“保证”这一概念协助进行质量控制。[6] 例如，汉普顿酒店是首批承诺当客人有任何不满时都可以提供服务保证的酒店之一。[7] 它做出的承诺是：“如果您并没有十分满意，我们就不要求您付款。”客人只需向入住的汉普顿酒店说明他们对服务不满的理由，而后汉普顿酒店总公司

---

⑥ 有关服务保证更详尽的讨论可参阅 Christopher W. L. Hart, “The Power of Unconditional Service Guarantees,” *Harvard Business Review*, July-August 1988, pp. 54-62; Christopher W. L. Hart, Leonard A. Schlesinger, and Dan Maher, “Guarantees Come to Professional Service Firms,” *Sloan Management Review*, Spring 1992, pp. 19-30。

⑦ 汉普顿酒店的案例是基于其公司数据和以下文献：Christopher W. L. Hart, “Hampton Inn's Guests Satisfied with Satisfaction Guaranteed,” *Marketing News*, February 4, 1991, p. 7。

会利用这些信息以及每家酒店的财务绩效对这家酒店的整体绩效进行追踪。这一做法已成为预警系统的一部分，帮助汉普顿酒店的管理层发现那些需要引起注意的酒店，以持续实现质量改进。

推行该服务保证一年后，汉普顿酒店的管理层对结果进行了经济分析。其中，他们发现：（1）2%的常客（即每年入住次数达11次及以上的消费者）因为服务保证的原因选择入住汉普顿酒店；（2）相对较少的客人会启动服务保证；（3）该举措为管理层提供了足够的信息，从而使其可以采取行动提高部分酒店的质量。管理层得出结论：即使将用于推行服务保证的支出考虑在内，每花费1美元履行和推广服务保证，汉普顿酒店的收入可增加10美元。鉴于酒店业务每1美元增量收入的高利润，不难得出以下结论：服务保证不仅提供了改进汉普顿酒店质量控制所需的信息，也创造了财务上的成功。

提供服务保证后收到的客户投诉会触发某种质量控制流程，这种流程基本上优于更常规的质量管理办法。本章接下来便会提到这些较常规的质量管理办法。

服务补救计划："第二次时把事情做对"

我们在第一章中提到过，"第一次就做对"是制造业中的一条质量管理准则。这一点至关重要，因为零部件或产品的故障有可能导致人员伤亡。幸运的是，对于多数没有生命安全威胁的服务而言，"第二次时把事情做对"通常足以达到或超出客户的预期。事实上，第二次时做得好可能会提升客户的满意度。独特的服务体验过程和结果尤其令客户印象深刻。

服务补救快速化、定制化、个性化。多年来，我们一直要求学习“服务管理”这门课程的MBA（工商管理硕士）学生写两封信，其中一封是夸赞一家曾为其提供积极体验的服务组织，另一封则是抱怨他们实际经历过的劣质服务的提供商。所有信件都必须有建设性，我们将根据他们对业务的理解以及是否提出合理的改进建议进行评分。如果信件能促使收信方切实采取纠正措施，我们会给学生额外的分数。

接着，我们便和学生们一起等待回信。许多商家在回信中都承认了其服务上的不周，并提供免费服务作为补偿。我们发现约有三分之二的服务组织会回复那些批评信。但是鉴于许多回信的质量比较差，它们得到的客户满意度评分大致与不回应者相同。对于那些做了回复的组织而言，它们的回复代表了大量精力和资源的浪费。那么，这些回信到底存在什么问题呢？许多回信并没有向客户致歉；许多信回复得不及时；有些回信明显在使用套话；有些回信附上了补偿或礼物，但没有表示会根据投诉做出任何改变；其他一些回信甚至不接受客户的指责。

数年来，我们与几百名学生一起进行这项实验并得出了以下结论：如果想要服务补救产生效果，多数情况下应该：（1）从道歉开始（但法律顾问通常不鼓励这么做）；（2）承认投诉的内容；（3）表明投诉可能带来的改变；（4）及时做出补救，哪怕这意味着发送非正式的电子邮件或传真；（5）根据不同情况提供个性化与定制化的解决方案。一些情况下，服务补救须及时，例如，如果餐厅服务员将一杯饮料洒在了顾客身上，为了能及时做出服务补救，服务员必须被授予采用补救技巧的“一定范围内的自主权”。

在一定范围内最大限度地使用自主权。在上述诸多举措和例子中，一线员工应当被授予如何采取补救行动的自主权。正如我们所见，如果没能及时处理过失和投诉，糟糕的服务可能会发酵为客户的不满和组织的长期负面声誉。一线员工是最适合采取服务补救行动的群体，但是他们的自主权是受限的。

一线员工采取服务补救行动的权力不一定总是有明确或确切的限制范围，而是根据客户的要求而定。多数情况下，这种限度体现在支出金额的差异上。例如，高端时装店的补救成本限制须高于华夫饼屋（Waffle House）。但是在企业文化浓厚且效率高的企业中，这种自主权限度的设定则有更强的主观性。

在为一线员工提供自主权之前，管理者必须满足一些先决条件。他们需要确保员工拥有做出决策所依据的合适的信息。像恺撒娱乐或高档酒店丽思·卡尔顿这样交易金额高的地方必须配备信息系统，以告知员工某个特定的客户到底有多大的价值。员工须接受培训，学习如何使用信息系统以及完成工作所需的其他一些技能。此外，企业在招聘员工时一定要特别关注以下几点：态度、有兴趣为客户提供优质服务、能够胜任相应工作的个性。

如果采取了以上措施，一线员工滥用权力的风险就比较低了。但是根据经验，问题往往不在于员工可能因不当使用权力而“把企业卖了”；事实上，员工们在之前的工作中被教导要尽力保护企业资产，因而不敢大胆使用权力，向客户补偿得往往不够多。

根据深层指标界定、追踪和管理问题

联邦紧急事务管理署（Federal Emergency Management Agency，FEMA）的负责人 Craig W. Fugate 运用他所称的“华夫饼屋矩阵”去判定一些灾害的严重性。[8] 华夫饼屋是一家快餐连锁店，主要开在美国的南部地区。“华夫饼屋矩阵”奏效是因为华夫饼屋有一个“永不打烊”的理念。华夫饼屋的董事长兼首席执行官 Joe Rogers Jr. 喜欢说，一旦店铺开张，“我们就扔掉钥匙”[9]。如果华夫饼屋在受灾期间关门停业，那么 Fugate 便知道社区真的陷入了困境，需要帮助。据 Fugate 称：

> 有了它们我们就能快速确认受灾程度和情况……华夫饼屋还开门营业吗？那里是否一切正常？……华夫饼屋有一个非常简单的经营理念：开门。它们不会关门歇业而是

---

⑧ 这段简介基于以下资料：Jennifer Steinhauer and Michael S. Schmidt，“Man behind FEMA's Makeover Built Philosophy on Preparation and Waffle House，” *New York Times*，November 4，2012，p. 31。

⑨ 关于华夫饼屋战略更详尽的描述可参阅 W. Earl Sasser Jr.，“Waffle House，” Harvard Business School Case No. 672-101，1972，1977 年修订。

一天24小时营业……它们的企业理念是，即便遇到飓风或暴风雨，店铺也会设法开门营业。没有电没有气都没关系，只要可以弄到一台发电机，它们就会开始营业，甚至会用瓶装水煮咖啡。[10]

深层指标通常是一种非财务指标，它对组织绩效可以产生很大的影响。它会在出现问题时发出警告、协助管理者采取纠正措施，并提供预测未来绩效的工具。在联邦紧急事务管理署的案例中，华夫饼屋矩阵就是 Craig W. Fugate 的深层指标。

深层指标通常是由管理者凭直觉想出来的。因为它们是一项运营战略诸多要素的产物，所以通常是由那些具有丰富经验和业务知识的管理者发现的。很多时候，出于疏忽或服务设计的原因，这些深层指标没有得到明确的表述并被传达给他人。服务组织值得花一些时间找出这些深层指标，并且是用一种相对简单的做法。

首先，管理者需要确定驱动企业盈利的主要因素。这些因素是企业在开展业务时最重要的资本。在服务业中，这些因素通常是一线服务人员，但也可能是客户的忠诚度高、客流量大的地理位置或者客户服务体验的总体设计。一旦明确了这些主要的盈利决定因素，接下来就可以明确对这些因素影响最大的各因素。随着时间的推移，一直往下研究到达某个更具体的层次时，人们便更清楚真正推动组织绩效的只有很少的一些因

[10] Steinhauer and Schmidt, "Man behind FEMA's Makeover."

素，而每个因素都有一个深层指标。

当然，仅仅确定一个深层指标是不够的，这只是第一步。组织还需要设法测量这些指标，并将测量结果添加至管理仪表盘中——管理者用来控制和分析数据结果，并据此做出决策的工具。

一个深层指标是以下诸多实践的健康状况晴雨表：它们之间相互影响的方式以及它们的内部一致性（相互配合的程度）。从这个意义上而言，深层指标也是衡量一项战略运行状况的标准。服务组织的深层指标备选项可以在服务利润链的要素之中找到。员工及客户忠诚度是预测组织未来绩效的好指标。此外，当事情没有按计划进行时，两者还能起到预警作用。它们通常优于管理仪表盘上的常规财务指标。

Robert Kaplan 和 David Norton 在有关平衡计分卡的研究中指出，由于财务指标典型地只能衡量过去发生的事情，因此需要其他指标对其进行补充。[11] 财务指标几乎无法预估组织的未来发展。这就是为什么最好的金融分析师正离开严格的财务指标，转而寻找有助于预测组织未来绩效的信息——深层指标。同时，管理者也越来越关注深层指标。

创造超出预期的结果和体验：服务质量

服务体验超出预期的程度与客户的感知满意度直接相关，

[11] 可参阅 Kaplan and Norton，*The Balanced Scorecard*。

这被称为服务质量差距。[12] 这表明：（1）服务质量是相对的，而不是绝对的；（2）服务质量由客户而不是服务供应商定义或评价；（3）通过改进提供的服务或降低服务对象的预期或者两者同时进行可以对服务质量进行管理。

服务质量差距。研究者们称，服务质量差距可能是由其他的一些差距造成的，包括认识差距（管理层认为的客户预期与客户真实预期间的差异）、感知差距（由于客户无法合理评估服务造成的感知服务和实际服务间的差距）、政策差距（管理政策制定的服务标准低于客户的预期）、沟通差距（误导性的沟通造成客户抱有不切实际的预期）和交付差距（没有能力满足客户的预期）。[13] 当管理者忽略其中一个或多个差距时，后果可能会非常严重，电路城（Circuit City）公司的管理层在2007年时便意识到了这一点。

电路城曾一度是美国领先的电子产品零售商，但或许恰恰是成功使公司的管理层出现了问题。该管理层显然自认为知道顾客要什么：低廉的价格。因此，他们制定了良好的购物体验和低廉的价格相结合的战略，使该公司成为仅有的11家符合Jim Collins严格的绩效改进标准的美国公司之一（据Jim

---

⑫ 有关服务差距的早期研究可参阅A. Parasuraman, Valarie A. Zeithaml, and Leonard L. Berry, "A Conceptual Model of Service Quality and Its Implications for Future Research," *Journal of Marketing*, Fall 1985, pp. 41-50。作者们侧重于讨论消极服务差距，实际上这一概念也适用于积极服务差距。

⑬ 同上；以及Christopher Lovelock, *Product Plus* (New York: McGraw-Hill, 1994)。

Collins 在其 2001 年的著作《从优秀到卓越》中的描述)。这些公司是为数不多的“累计股票收益曾长达 15 年低于或接近整体股票市场收益，但在某个转折点后的未来 15 年内累计收益至少是整体股票市场收益的 3 倍”⑭ 的几家公司之一。事实上，从这一标准来看，电路城的绩效远远超过其他 10 家上榜公司。⑮ 且不论这一认可是否影响了公司的管理层，2007 年 3 月，电路城自信地对外宣称其将采取新举措进一步降低成本，用 3 400 名收入较低的新员工取代高薪的资深销售人员。他们确信顾客并不会注意到这一变动。但显然，顾客还是注意到了。2007 年，电路城同店节假日销售额比上年同比下降 11.4%。有这样一段描述，“购物者很快发现并逃走了……他们把自己对零售商的失望情绪发布到网上，包括博客和聊天室。很多人都提到电路城员工显而易见的冷漠态度”⑯。顾客的预期和其实际经历的店铺服务体验间的服务质量差距明显对公司不利。

显然，管理层并不了解电路城顾客的真实预期，这就是认识差距。他们将服务标准设定在顾客的预期之下，这是政策差距。情有可原的是，他们并没有向顾客传达新员工将给他们带来什么，这多半是一种有意的沟通差距。电路城的新员工无法

---

⑭ Jim Collins, *Good to Great: Why Some Companies Make the Leap ... and Others Don't* (New York: Harper Collins, 2001), p. 6.

⑮ 根据这一标准，排名第二的组织后来遭遇了重大困难，资料来源于房利美（Fannie Mae）。

⑯ Rachel Beck, “Lessons in How Circuit City's Job Cuts Backfired,” *San Francisco Chronicle*, January 13, 2008, p. C3.

满足顾客的预期，特别是顾客对一些较复杂产品的信息需求，这是交付差距。无怪乎该公司于2009年宣布破产并关闭了最后一家店铺。情况非常糟糕，以至于曾让员工引以为傲的电路城再也找不到愿意出手相助的买家。

服务质量的维度。影响客户感知质量的重要维度已经被界定出来了，按其重要性列举如下：可靠性（服务提供商是否履行了承诺），响应性（服务是否及时提供），保证性（服务提供商在服务过程中是否让客户产生了信任感），移情性（服务提供商是否了解客户之所想），有形性（是否有证据表明服务提供商有效地提供了服务）。[17] 这五点是最广为接受的判断服务质量的维度。[18]

有时，服务质量的一个额外维度——“程序正义”，也很重要。当有人插队时，组织是否贯彻执行潜在的行为准则事关“程序正义”。例如，多项研究表明“程序正义”决定着人们对结果的感受，包括法院判决和医疗结果。因为相对于实际结果，人们更关心自己是否被公平对待。[19] 公平感可以解释人们为什么遵守法律或者起诉医疗事故，同时公平感也体现在人们

---

⑰ Leonard L. Berry, A. Parasuraman, and Valarie A. Zeithaml, "Improving Service Quality in America: Lessons Learned," *Academy of Management Executive* 8, no. 2, 1994, pp. 32-52.

⑱ A. Parasuraman, Valarie A. Zeithaml, and Leonard Berry, "SERVQUAL: A Multiple-Item Scale for Measuring Consumer Perceptions of Service Quality," *Journal of Retailing*, Spring 1988, pp. 12-40.

⑲ 例如，可参阅 Tyler, Tom R. "Leadership and Cooperation in Groups," *American Behavioral Scientist* 45, no. 5 (Jan 2002), pp. 769-782。

对服务质量的关注上。[20] 这就是航空公司为什么（或应该）不遗余力地向乘客明确地说明部分人群享有特权，如优先登机权以及更宽敞的座位等。这也是恺撒娱乐的员工务必清楚而细致地向其他客户解释为何七星和钻石会员享有特权的原因。管理层若发现以上这些维度存在任何负向服务差距，他们要做的就是采取适当的纠正措施。

迄今为止，服务质量的研究多数与“服务营销”有关。它的应用领域主要是那些对营销挑战感兴趣的市场营销研究。但是，服务质量研究对于更宽泛的服务管理具有很重要的启发意义，因此值得更多普通管理实践者给予关注。

使运营战略与组织宗旨、文化及整体战略协调配合

全食超市的管理层原本可以与供应商协商拿到更低的价格，条件是所有连锁店统一采购物品。就算是地区统一采购也能获取一些折扣，同时还能满足美国各个地区的顾客偏好。然而全食超市并没有那么做，而是强调把尽可能多的采购，特别是本地生产的商品的采购，授权给门店的各品类团队自行管理。原因何在？共同价值观是企业文化的核心，全食超市的做法有助于建立员工自主裁决的共同价值观。管理层已得出结论：从长远来看，委派各门店的员工采购，员工需自行做主并

---

[20] 相关的常见讨论可参阅 Tracey Meares, “The Legitimacy among Young African-American Men,” the Barrock Lecture on Criminal Law, Marquette University Law School, February 19, 2009, *Marquette Law Review*, Summer 2009, pp. 651-666。

付出更大的努力，他们的生产率也会相应提高，由此带来的好处远大于采购价格上升带来的坏处。这就是全食超市将运营战略中的政策与组织的宗旨、文化以及整体战略相结合的重要方式。

创造多赢优势

大多数关于服务质量的学术研究都聚焦于为客户提供的服务质量。但是根据服务业三连胜的理念，员工和投资者的感知质量与客户的感知质量同样重要。一项创新政策或新的服务能否成功取决于其是否为客户、员工和投资者三方都创造了超出预期的价值。想要获得价值超过成本的杠杆效应通常需要先进行小额的投资。对欧艾斯的员工来说，在半夜清扫办公室时顺手把卫生间的纸巾整齐地叠放好的成本是可以忽略不计的。但这一做法却向客户展示了清洁服务完成的证据，它创造的价值远高于成本，客户实现了“赢”。它为清洁人员提供的满足感或许不多，但它超过了叠放卫生纸所花费的时间成本，因此员工也实现了较小的“赢”。此外，它向员工的主管提供了能证明工作已妥当完成的“活动记录”，这一“活动记录”或许是一个深层指标。如果这样做能帮助留住一个客户，那么它的回报也大于成本，体现了投资者的“赢”。总而言之，它体现了多赢的服务质量。

在丽思·卡尔顿酒店，保洁员解决客户提出的一个问题可能会产生2 000美元的服务费用，远高于保洁员叠放卫生纸的成本，但是这一费用可能仅相当于4 000美元的新增业务(即入住酒店10个晚上）获得的利润。在今后和这位客户的终生关系中，实现10个晚上的入住是比较容易的。保洁员行使其权力代表酒店处理问题，此举提高了员工的工作积极性。总之，客户、投资者和员工实现了“三赢”，员工也成为客户心目中的“英雄”。在恺撒娱乐，将黄金会员通道转为钻石会员通道的成本是可以忽略不计的，因为设备经过设计能够实现快速转化。这项服务令钻石会员感到满意，毕竟他们是恺撒娱乐收入的最大来源。因此，这么做也会让公司的投资者高兴。虽然员工们必须竭力消除黄金会员的不满，但他们可以借此机会推销钻石会员的优势，发挥他们处理问题的权力。主要的参与者们再一次实现了多赢，这也是一个服务业三连胜的例子。

如果某些利益相关者得到的结果好坏参半，即使三方加总的净收益是正的，这种创新或变革也一定会失败，至少对于这些利益相关者而言它们是不成功的。服务业三连胜的教训非常重要，值得反复提及。如果员工、客户和投资者三方中有一方被认为是失败者，那么成功实施战略变革的概率将大大降低。实际上，如果新的理念无法满足所有核心利益相关者的需求，那么它终将走向失败。想想电路城的例子吧。若采取的某一变动破坏了客户体验，即便其出发点是降低成本以争取增加投资者的收益，这一举措的最终结果也是“三败俱伤”。一来，部分员工失去了他们的全职工作；二来，客户体验到的是质量较差的服务；三来，投资者遭受根本的损失，即破产。

运营战略中的杠杆和优势的来源往往是复杂的，有时要清楚地确定这些来源并非易事。它们很少是单一要素的结果，而是多方面协调配合的产物，包括多种小创新、谨慎执行计划、秉持明确的宗旨辛勤工作、精心营造组织文化和巧妙设计发展战略。这就是 Zappos. com 和迪士尼等公司愿意向外界甚至潜在的竞争对手公开其做法的原因。它们明白，或许利用硬资产（通常与新的技术以及阐述明确的操作有关）实现杠杆效应和竞争优势的做法容易被复制，但塑造企业文化，吸引、培养和留住最优秀的人才则难以复制。这些公司相信，没有长时间的付出和足够的心血，它们的成功是无法复制的。

利用客户和员工的共同创造

客户和员工共同创造服务一直是服务交付的一项重要特征。但是互联网的发展加快了将服务交付的责任和成本转移到客户手上的速度。某些情况下，客户参与服务过程的共同创造能得到切实的回报。例如，在没有代理商协助的情况下，线上自主预订机票的乘客不需要支付任何的预订费，而电话预订本身就包括话费在内的成本。如果乘客能在航空公司的网站上轻松预订机票，那么乘客和航空公司皆能受益。否则，乘客最后还是要进行电话预订。这样的话，一来，乘客会失去宝贵的时间（而且不管怎样，至少要支付电话预订的费用）；二来，航空公司也会在乘客的心目中失去声望。

其他时候，当客户浏览网页、协助进行服务设计或购买产品时，他们并没有因为在网络上花费了时间或提供了信息而得到回报。对此，一种预警式的观点认为消费者的价值正逐渐丧失，因为他们免费把信息提供给一小撮信息交换的设计者和运营者，如脸书和谷歌等公司，以支持“免费”的互联网服务。这种观点认为，除非采取措施重新分配经济收益给信息提供者，否则结果将会是少数人拥有巨大财富，而多数人失去制造业的工作，没有收入来消费商品与服务。[21]

上文提到，若没有足够的补偿，客户参与共同创造的意愿似乎是有限的。许多客户参与服务共同创造可以得到非经济性的收益，但他们的耐心和时间毕竟有限。解决办法不是为他们参与共同创造提供更多的补偿，而是增大对工具设计的投入，例如网站等，使任何客户都能轻松无障碍地参与共同创造。亚马逊凭借其“一键购物”的功能在该领域处于领先地位，但很少有组织已经在向亚马逊学习。如果组织想要维护其服务声誉，它们迟早需要投资工具设计。

用服务业三连胜代替权衡取舍

服务业三连胜很少是通过权衡取舍而实现的，更常见的实

㉑ 可参阅 Jaren Lanier, *Who Owns the Future*? (New York: Simon & Schuster, 2013)。

现方式是将新技术、政策、程序和人相结合，充分降低成本或创造足够多的高利润率的新业务以使所有人皆受益。这是一场非零和博弈，目的不是将成本降到最低限度；相反，它是将运营战略与组织的宗旨、文化和整体战略相结合，使员工具有高度的积极性，以高度的使命感完成工作，并让客户能够清楚地感知到组织的宗旨。

显然，采用多赢的方式来设计和运用那些能够促使价值超越成本并获得竞争优势的方法并不是高深莫测的科学。但为什么有那么多的战略创新以失败而告终呢？例如，许多大型零售组织中经验丰富的管理者都采用了自助结账方式，但为何自助结账的发展前景依旧不明朗？答案很可能在于：客户尚未确定他们是否从服务业三连胜中得到了应有的利益份额。

展望未来，一些知名的服务业实践者预测服务机器人等新技术将在服务行业中发挥更大的优势。我们（包括你）可以运用之前提到的衡量变革成功与否的标准（满足所有核心利益相关者的需求）来评估这些创新获得广泛应用的可能性。

突破性的服务组织不会止步于仅制定带来可持续竞争优势的运营战略。它们也高度重视支持系统的设计，包括技术、网络和服务场景。支持系统体现了战略需求，且有助于实现服务业三连胜。这些突破性的服务组织都力图避免星巴克（Starbucks）公司几年前犯下的错误，下一章会对此展开具体讨论。

第六章

开发获胜的支持系统

杰出服务业领导者应知：

最佳地利用技术与其他支持系统打造一线服务英雄

杰出服务业领导者应行：

利用支持系统提升重要的岗位、淘汰最糟的岗位

技术、网络和设备对于服务业和制造业一样重要。但对于服务业领导者而言，设计和应用由这三个要素构成的支持系统的有关决策却更为复杂，因为他们时常需要同时考虑决策对投资者、服务提供者及客户的影响。

很多时候，服务业领导者在做决策时轻重不分或者遗漏了重要的变革支持者。这些被遗漏的但是有助于协助变革成功的人往往是员工。研究过该问题的人得出了结论："人们总是倾向于将质量低劣归咎于服务提供者，但真正的罪魁祸首往往是

糟糕的服务系统设计。”①

根据服务业三连胜的多赢理念，支持系统的设计应当强调员工、客户和投资者的积极体验与价值。服务业领导者如果做到这一点就可以在增加收入的同时节省大量的运营成本。因此，组织的领导层值得尽最大的努力做好支持系统的设计。

技术的使用能给服务岗位增色，也能使其失色，并随之失去员工的满意度。技术能授予客户权力，也能使他们感到无能为力。技术可以彻底淘汰服务岗位，这可能丰富也可能减少客户的体验。技术可以借更广阔的资源网络将员工与客户联结起来，促进服务甚至一些私人服务的远程交付。技术使用的结果取决于其在应用环境中的适用度；同时，它也取决于服务流程的相关负责人是否了解组织的战略并依照战略为客户及员工提供相应的服务体验。如果应用得当，支持系统可以成为服务组织的一大资本；至于应用不当的后果，我们可以问一下星巴克。

技术与星巴克的服务体验

2000 年，当 Orin Smith 出任世界最著名的咖啡供应商星

---

① Leonard L. Berry, A. Parasuraman, and Valarie A. Zeithaml, “Improving Service Quality in America: Lessons Learned,” *Academy of Management Executive* 8, no. 2 (1994), p. 37.

巴克的首席执行官时，他的确面临着巨大的压力。[②] 虽然有着丰富的经验，但 Smith 在工作上还是追随着公司的“领袖”Howard Schultz。作为董事会主席，Schultz 将关注 Smith 的一举一动。星巴克在当时发展迅速，华尔街及公司的投资者都对其收益感到满意。此外，公司的股价也达到了历史最高水平。对 Smith 来说，这是福也是祸。这意味着人们对星巴克未来的增长预期会更高。在 Smith 的领导下，星巴克采取的对策是：以更快的速度开设更多分店（全球每天新增 1.5 家）。

尽管公司的门店数量迅速增加，但星巴克的顾客等待咖啡的时间却越来越长。服务的速度变慢是因为公司进行的一系列改变，例如为增加销售额提供更多样的餐食和品种更多的咖啡。但在某种程度上，速度变慢是因为一些没有变的东西，例如需要手动操作的典雅但过时的慢速 La Marzocco 浓缩咖啡机。La Marzocco 咖啡机是体验慢服务艺术的一部分。顾客们喜欢这款咖啡机，但对等待的时间变得越来越不耐烦了。由于操作机器所需的重复性动作，咖啡师也遇到了越来越多的不便。星巴克的管理团队清楚地意识到了新技术的必要性。

在 Schultz 于 2000 年卸任首席执行官后，他的继任者采取了一项鲜为人注意的举措，即创建了工业工程部门。鉴于面临的新挑战，星巴克的解决对策是开发一种以 La Marzocco 为原

② 本章中有关星巴克的材料来源于 Howard Schultz and Joanne Gordon, *Onward: How Starbucks Fought for Its Life without Losing Its Soul* (New York: Rodale, 2011)。

型的半自动浓缩咖啡机。这款新型咖啡机的速度更快，同时也使咖啡师的工作变得更简单。它只存在一个问题，那就是它的尺寸。801 型咖啡机由于容量以及内部研磨和分配机制，需要占据更大的柜台空间。

这项技术的确有效，但还是出了一些问题。实际上，801 型咖啡机成了咖啡师与顾客之间有形和无形的障碍。顾客们习惯于每天光顾星巴克，看他们最喜爱的咖啡“魔法师”亲手制作咖啡。但是，新款的机器比旧款运作得更快，因此加快了咖啡师与顾客间的互动，双方的交流时间减少了。而更大的问题在于，这些机器很高大以至于挡住了咖啡师，使他们在准备浓缩咖啡时几乎无法与顾客交流。新型机器隐藏了咖啡制作过程中的“咖啡魔法”。这一切都削弱了星巴克顾客所期待的体验。顾客们开始慢慢地寻找其他途径去享受一个自己喜欢的清晨时光，尽管这样的改变不是发生在一夜之间。很明显，服务体验至少和咖啡一样重要，然而星巴克的新支持系统却没有提供顾客所期待的体验。

星巴克承诺为员工（公司内部亦称为伙伴）提供有趣的工作，包括令人愉悦的与顾客的互动。但在追求增长的过程中，星巴克却逐渐失去了履行这一承诺的独特的能力。员工的工作难度降低，需要的培训也变少了。与顾客的互动大部分被新的设备取代。咖啡师和顾客都对这样的体验感到沮丧。正如 Schultz 所说：“如果咖啡师只是走个形式，做做样子……那么星巴克就失去了40年前我们起航时的初心：激发人文精神。"[③]随着新的自动化技术的发展，一些东西消失了。实现"完美镜头"的艺术性已一去不复返。

到2007年时情况变得非常严峻，以至于在一旁观察的Schultz再也忍不住了。他发了一份简报，指出了客户体验的恶化程度及原因。几个月后，他以首席执行官的身份重新回到星巴克，试图扭转公司的业绩。用本书的术语来说，他此次回来的目的是使星巴克重新恢复过去的服务业三连胜。我们之后还会回到这个案例，了解接下来发生的事情。

服务技术光谱

技术在服务接触中是否以及如何能够实现有效的利用取决于若干因素，其中包括：（1）服务接触中人"脸"的重要性；（2）服务接触中对灵活处理和人为判断的需要；（3）客户参与服务接触时的焦虑和感知风险的程度（这些状况通常可以通过人为干预减轻）；（4）技术对服务人员工作质量感知的影响；（5）技术提升客户服务质量感知的程度；（6）技术带来的低成本对客户服务价值感知的重要性；（7）客户参与服务共同创造的意愿（服务共同创造通常由技术驱动），这是日趋重要的一个因素。

---

③ Howard Schultz and Joanne Gordon, *Onward: How Starbucks Fought for Its Life without Losing Its Soul* (New York: Rodale, 2011), p. 4.

技术的利用涉及多种选择，包括从完全脱媒（人力投入被取代）到以微妙和创造性的方式利用技术而成为客户心目中“英雄”式的服务提供者。只要能够提升员工、客户和投资者心目中的结果及价值，那么这些战略就是合理的。然而，如果在提供服务时技术使用得不当，客户可能会因此而感到失望，员工疲惫不堪且丧失信心，提高生产率的技术所创造的价值也会遭到损害。在何处以及如何利用技术取决于服务在服务技术光谱上的位置（见图 6-1）。服务技术光谱的一个极端是用技术完全取代服务劳动力。

技术在服务接触中的作用

用技术取代服务人员与客户间的互动 | 通过取代部分服务工作，提高生产率和服务的质量 | 拓展和提升服务人员的能力

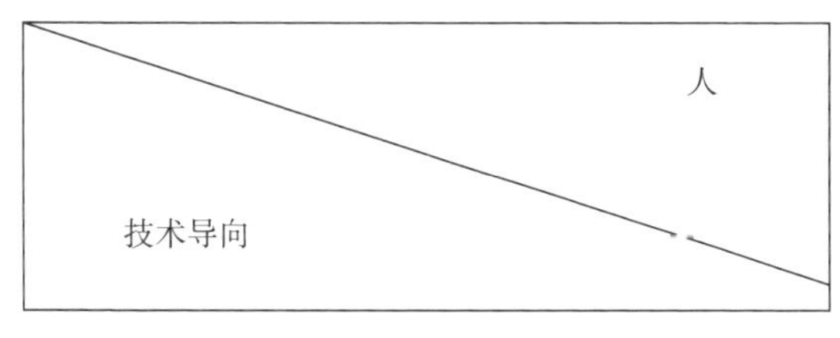

服务接触的特征

低	对人“脸”的需要	高
低	对灵活性和人为判断的需要	高
低	客户的感知风险	高
?	技术对服务人员自我感知的负面影响	高
高	技术能提升服务质量的程度	低
高	技术实现的低成本对客户的重要性	低
高	技术加强客户服务共同创造的程度	低

图 6-1　服务技术光谱

取代服务工作：脱媒

当我们在写这一部分的内容时，马萨诸塞州收费公路管理局正在用电子阅读器取代收费员进行收费。摄像机将记录每笔交易并提供交易的证据，以防有人漏交或不交。该技术将降低收费成本，改善交通拥堵并减少汽车污染。它淘汰了单调乏味的收费工作，这些工作不仅缺乏发展前景而且工作空间狭窄，环境通常较差。而且，在主要关心速度的驾驶者心目中，这份工作几乎没有提升服务接触的质量。这一举措省下的大笔资金可以用于充分地补偿失业的员工，为他们提供技能培训，有助于他们找到更有趣的工作。

我们认为，参照服务业三连胜的价值标准，上述举措是员工、客户和投资者的多赢。脱媒，例如电子收费处，在服务技术光谱的某一端。在这一端，涉及服务接触中人为干预的所有指标在仪表盘上显示为低数值或不存在。虽然马萨诸塞州收费公路上的一些上班族会乐于每天早上在收费站见到熟悉的面孔，但他们认为并不值得为了维持看似不必要的工作而交更多的税。此外，这项服务不需要任何的人为判断，它不会（或几乎不会）引发客户的担忧或感知风险。而且，技术的应用不会提升这份工作的质量，但会提高客户的感知质量。平衡计分卡明确地说明了战略的重点——利用技术实现脱媒。

脱媒会创造出一些意想不到的“伙伴”。例如，在服务技术光谱上，离收费公路收费员不远的就是大学教师。这些教师在授课时与学生没有进行互动，在他们的课堂上，除非有要求，否则出勤率往往较低。相反，课堂笔记在学生之间共享。虽然教师的特殊技能和知识也许是技术无法替代的，但这些技能和知识的成果可以在没有实际的面对面交流的情况下传播。事实上，学生们可以通过流媒体体验全球最知名的一些教师的课堂讲座。因此，没有精心准备的授课作为一种教学形式是高等教育领域濒临灭绝的“物种”。

传统的授课不需要人为的判断和灵活性，也不会（或几乎不会）激发交互式教学所引发的焦虑。它创造了在应用技术后将大幅提升的经济效益。这些表明，至少在这种形式的教学中，技术应用的时机已经成熟了。然而迄今为止，在授课中应用技术的结果并非都是理想的，这或许表明许多技术并没有得到恰当的应用。下文我们还将回到这一话题。

提高质量与生产率

在麦当劳，能够简化工作、提高质量和服务人员生产率的技术典范是“四乘四系统”，即一种汉堡制作技术。操作人员一次烤 16 个汉堡，将温度设置在正好能在一定的时间内烤好所有汉堡的某一面的刻度上，接着烤架的操作员再按照精确的顺序翻面。麦当劳同时还配有“二乘二式”番茄酱和芥末酱涂抹器，将调味酱料涂抹的生产率提高至原来的四倍。

读者可以注意一下这项技术在服务技术光谱上的位置。在该例子中，技术改进了制作流程，但过程中仍需要一定的人为判断。由于“四乘四系统”的产出结果几乎每次都相同，因此购买麦当劳汉堡时顾客的焦虑程度和感知风险值不高。制作汉堡的流程和方法保持不变。这项技术提升了员工的工作质量，以及客户对产品质量的感知（因为产品每一次均达到客户预期）。同时，该技术也提高了服务质量，因为它加快了制作流程。但它对成本的影响较小，因为仍然需要配有烤架操作员，尽管他们可以利用系统控制操作速度。

扩展人的能力

在服务技术光谱上，资产规划顾问处于远离收费公路收费员的另一端。他们常与客户建立密切的关系，这种关系形成高度定制化的服务接触和结果。客户的感知风险很高，因此他们对投资顾问及其判断的信任很重要。这种信任是难以用技术来复制的。

与此同时，如果顾问掌握更佳的数据和信息，服务体验（如果不是结果的话）也就会更好。这种情况下，技术可以发挥支持系统的重要作用并完善服务提供者的技能。技术让顾问能够依据多种标准和假设选择来评估更多的资产规划方案、信托工具和另类投资。技术可以使资产规划顾问在客户眼中看起来（和感觉起来）如同“英雄”一般。当技术与人的才能和判断相结合时，可以创造出卓越的成果。

提升人的才能

试想一下那种需要学生和教师之间不断互动的教学方式。我们要说的并非前文讨论过的传统教师，而是网球教练这一类的教师。虽然网球教练会利用视频进行点评，也会应用自动截击器，但这些技术的使用仅仅增强了教授网球所需的视觉、言语和身体互动。实际训练以及教练的观察监督是培训服务中不可替代的部分。这就是为什么像资产规划一样，网球培训会因技术的使用而得到完善，但不会被技术取代。

以上提到的多种技术的作用并不是孤立存在的。在技术应用中，技术可能总是同时起着多种作用。技术的应用是否有价值和意义总是由“多赢”的标准决定的。不能给员工、客户或投资者都带来收益导致了过去许多技术应用的失败。

克服技术对员工行为的负面影响

在投入人力的同时引进哪怕最好、最可靠的技术都可能使员工在工作当中陷入虚假的安全感之中。几年前，当一名韩亚航空（Asiana Airlines）的机长要求他的副驾驶以目视（而不是使用自动驾驶仪）进场的方式着陆洛杉矶时，副驾驶愣住了。机长因此不得不替他控制装置以避免坠机。据他称，这位副驾驶告诉他：“我不需要知道这个，我们根本就不这么做。"[4] 这一事件表明，在飞机驾驶舱内引入自动化导致飞行员训练松懈，而这造成了安全隐患。

近期，由于人们想起了2000年洛雷特圣母院（Notre-Dame-de-Lorette）地铁站的火车相撞事故，巴黎独立运输公司（Régie Autonomedes Transports Parisiens，RATP）修建巴黎自动地铁线路的项目遭受了更大的阻力。[5] 该事故是由自动驾驶仪的故障和驾驶员的疏忽造成的。

当员工的许多工作任务被自动化时，他们会因此而松懈，而这可能会产生严重的后果。把技术假设为万无一失并不是明智之举，因此服务的设计需要战略性的人力投入以及谨慎的员工选拔并给予其培训、认可和激励，这样才能产生好的效果。

应对劳工组织的反对

即使将技术应用于服务流程中是出于好意，组织也常会招来有组织的工会的反对。这种情况下，"三赢"的思维和服务业三连胜能够派上用场。

巴黎独立运输公司必须与八个不同的工会协商谈判以获得其对将巴黎地铁的一条线路予以自动化的支持。自动化将导致630个工作岗位的裁减。这条巴黎最繁忙的地铁线路每月约运

---

④ 参见 Alan Levin and Julie Johnsson, "Asiana Crash Probe: Is Autopilot Making Flying Less Safe?" *Bloomberg Businessweek*, July 18, 2013, http://www.bloomberg.com/bw/articles/2013-07-18/asiana-crash-probe-is-autopilot-making-flying-less-safe。

⑤ Michel Anteby, Elena Corsi, and Emilie Billaud, "Automating the Paris Subway (A)," Harvard Business School Case No. 9-413-061, 2012.

行 12 000 车次，月收入超过 1 500 万美元。自动化后省下的工资总支出使巴黎独立运输公司的领导层可以有多种选择确保下岗驾驶员生活的改善，并为投资者提供合理的投资回报，而不会对客户服务产生不利影响。据巴黎独立运输公司当时的社会关系部副主任 Laurent Souvigné 称，自动化引发了“一场比技术挑战更重要的社会挑战”⑥。

认识到客户个人需求和偏好的重要性

技术在服务中的角色很少仅仅限于服务技术光谱上的某一个点。通常，不同的客户需求和偏好会使技术在服务当中发挥的作用对应着技术光谱上不同的点。例如，当私人教练的数量正在大幅增加时，健身中心也开始配备智能健身器材。这些器材能够提供一些与私人教练相同的建议和更加精确的反馈。有些人受益于与私人教练合作得到的定制化训练、人际互动和劝勉鼓励。其他那些也需要这些但只负担得起人际互动和劝勉鼓励的人，参加健身班进行锻炼。还有一些人只是加入健身中心，用自律和技术代替教练能够给予的帮助。

问对问题

在评估一项技术对任何一种服务运营带来的潜在价值时，

⑥ Michel Anteby, Elena Corsi, and Emilie Billaud, “Automating the Paris Subway (B),” Harvard Business School Case No. 9-413-062, 2012.

组织需要考虑多个因素。在将新技术引入服务之前，服务主管有必要提出以下问题：

1. 服务在组织整体战略中的作用是什么？在服务交付的过程中，服务在多大程度上以及在哪个切入点可以通过技术或人力投入得到最佳执行或提升？

2. 该技术对客户的服务体验有何影响？例如，它是否需要更多的客户投入？如果需要，客户投入对服务体验的改进是否达到了要求客户参与服务共同创造的程度？

3. 新技术对工作的性质有何影响？它能使员工摆脱枯燥的任务吗？它能让员工腾出时间做更有趣的工作吗？它能使员工的生产效率更高吗？它能减轻员工的工作压力吗？它能提高或降低员工的自尊心吗？它能使员工向客户交付以前达不到的结果吗？

4. 就最终结果而言，这一技术能降低成本吗？它能降低价格并（或）提高利润和营业收入吗？

简而言之，就是该技术是否为员工、客户和投资者创造了多赢。在上文提到的星巴克的案例中，公司的管理层推出的新型浓缩咖啡机使咖啡师与顾客遭受了损失。因此，这一举措也不可避免地使投资者遭受了损失。除了具有广告所宣传的功效，这项新技术在每个重要方面都达不到要求。

技术和优势

从长远来看，技术本身并不是竞争优势的重要来源。它太容易复制了，而好的想法是不可能被控制和垄断的。然而，当技术的应用过于复杂以至于很少有竞争对手采用时，技术可能会带来中期竞争优势。

以世界著名建筑师 Frank Gehry 设计大型复杂建筑时的 3D 技术应用为例。Gehry 设计的这些建筑必须满足严格的环境可持续性要求。它们需要有非常详细和清晰的计划，这些计划在看似枯燥但严格的施工许可审批流程中非常重要。

Gehry 的设计里很少有直角和方角。相反，它们的特点是具有违反传统建筑思维的流动和弯曲的元素。它们构成了 Gehry 的品牌和竞争优势。在 3D 软件出现之前，设计这些元素十分耗时并且难以通过传统图纸进行表达。更糟的是，这些元素常常使承包商曲解设计并且错误定价，导致在工地上施工时某些要素间无法协调，以及承包商与建筑师之间产生冲突。这些问题和缺陷在人们找到解决办法之前导致了停工。由 IBM 开发的建筑信息模型（BIM）在此时派上了用场。BIM 具备解决此类问题的技术，从而使项目更加划算与省时，并使设计人员能够发挥他们的创造力。3D 技术果真能发挥建筑设计师的创造力吗？Gehry 的经历表明，答案或许是“不能”。

Gehry 和他的团队已经能够有效地使用这项技术，但他向记者强调说：

> BIM 不是那种只要“装在一个盒子里买来”就属于

你的东西。相反，它是一种变革，改变了项目的组织方式以及各方的角色、责任和行为方式。采用新的工具能让你实现部分目标，但要真正取得重大突破则有赖于在机器的协助下，以与众不同的方式行动和思考。BIM 最大的好处之一是鼓励项目团队通过制定共同目标和改善活动的协调度加强团结协作。⑦

如果辅以恰当的组织、政策、措施和文化，这项技术可以产生可持续的竞争优势。但若仅仅只有技术，则无法获得任何竞争优势。

技术和服务的共同创造

服务的共同创造有时是很普通平常的。例如，在当地超市的收银台，许多人会配合收银员在信息技术的协助下共同创造服务。顾客把挑选的商品放到传送带上后，他们可以在屏幕上看到每一笔核算过的商品和费用总计清单。顾客与收银员的配合加快了结账速度，节省了双方的时间，为顾客提供了更多的保障，也为商店投资者创造了足够的收益——实现了多赢。

服务的共同创造也可能十分复杂，例如建筑师 Frank Gehry 的设计工作。技术可以协助客户更加灵活并及时地画出

---

⑦ Catherine Shaw, "Ahead of the Curve," *Financial Times*, July 14-15, 2012, p. 1 (House & Home Section).

复杂的建筑设计图，同时让承包商、建筑工程师和建筑商就材料、角度以及此前从未得到解决的工程施工难题展开沟通。这种共同创造的结果是几乎不可思议的设计，更不用说向当时负责施工的建设方传达这些设计理念的难度了。这项技术首次实现了一种复杂的共同创造性对话，并由此诞生了前所未有的建筑形式设计。

远程服务及物联网

在一些服务行业，甚至那些高度私人化的服务中，技术可以协助服务组织拓展业务范围。这使得过去仅需考虑本地情况的面对面服务需要在全球范围内与其他服务展开竞争。涉及大量信息和专业化知识与技术的两个服务行业——教育和医疗行业——尤其如此。

远程教育服务

通过互联网的大型开放式网络课程慕课（MOOCs）提供教育服务是教育行业内一项具有变革潜力的技术应用。这一行业在某种程度上处于排斥技术的状态。在线教育曾经有过爆发性的早期增长，但是许多持怀疑态度的人仍然低估了它的潜力并且以教育过程中面对面互动的重要性作为质疑依据。根据我们的亲身经历，远程教育体验几乎不受条件限制，但要保证它的质量则需要付出成本。提高远程教育质量的首要条件是教师和学生之间偶尔进行面对面的交流，以建立学习关系。这种学习关系在教育过程中发挥着非常重要的作用。

定期面对面交流也有助于建立规范、形成同伴间的压力以激励进行远程学习的学生达成他们早先设定的目标。早期的在线课程缺乏面对面的沟通，参与其中的大量学生得不到交流的机会，学生中途放弃的概率很高。这些课程必须重新进行设计以提高学生中途放弃的心理成本（如果不是经济成本的话）。

未来，高等教育机构（大学）必然会对慕课的学分进行官方认证。彼时将吸引一大批新用户，即那些渴望研修由一些世界著名专家讲授的、话题广泛的在线教学课程并获得学分的人。这些在线课程是通过流媒体技术实现的。当然，下一步将取代大量的班级和教师甚至全部的高等教育机构。取而代之的是基于互联网的教育服务组织提供的完整课程。目前，教育行业的特点是成本高、学费不断上涨，而且占用大量建筑设施。

基于互联网的远程教育这项技术也有可能被滥用。在急于采用这些技术的过程中，许多机构会放弃将在线课程和课堂教学相结合的价值。这项技术不会取代所有面对面的教学，但它将改变人力在各个级别的教育过程中所起的作用，同时影响各种教育方法和岗位。

教育无疑是一项处在自然进化过程中的服务。在这一进化过程中，比起人力投入，信息技术在服务提供中起着越来越重要的作用。医疗同样也是如此。

远程医疗服务

阿波罗医院是一家总部位于印度金奈的连锁医院，该医院使用远程技术来达到其想要的结果，因为这看起来是一个自然而然的机会。该医院的管理经历描述了其在此过程中收获的喜悦以及遭受的挫折。[8]

对阿波罗医院而言，2000 年似乎是一个引进远程医疗，将医疗技术扩展到印度农村地区的理想时机。毕竟这家医院已经凭借着多个专业领域尤其是心脏病领域的医疗服务质量而享誉全球。在审慎的财务管理基础上，阿波罗医院开发出了配有最新医疗技术的最先进的设施。创始人 Prathap Reddy 发起的培训计划培养了一批技术水平可以与全球最好医院的心脏病治疗科室媲美的医师，他们掌握着世界各医疗机构的最新研究成果。阿波罗医院以低成本提供着世界一流的心脏病医疗服务。因此，它与印度国内外的数百个组织签订了长期提供心脏病医疗服务的合同。越来越多的医疗旅客从世界各地赶到印度寻求阿波罗医院高质量、低成本的医疗服务。

阿波罗医院所在的安得拉邦的一些偏远地区也需要它的服务。无法获得急救指导和急诊服务的患者多数都很贫困，只能

---

⑧ 例如，可参阅 B. Bowonder, Mohit Bansal, and A. Sharnitha Giridhar, "A Telemedicine Platform: A Case Study of Apollo Hospitals Telemedicine Project," *International Journal of Service Technology and Management* 6, nos. 3/4/5 (2005)；有关该组织早期发展史及其文化的描述可参阅 Gary Loveman and Jamie O'Connell, "Apollo Hospitals of India (A)," Harvard Business School Case No. 9-396-027, 1996。

在等待治疗的过程中慢慢死去。为了满足这一迫切的需求，阿波罗医院筹集资金在偏远村庄 Aaragonda 进行了远程医疗实验。医院在当地安装了计算机和通信设备以促进当地医务人员与远程医疗专家之间的文本、声音、图片和视频（数字融合）交流。

事实证明，与项目成本以及如何偿还费用的问题相比，技术是阿波罗医院的管理层不太关心的问题。管理层更关心的是患者对远程诊断和处方疗效的担忧及疑虑。然而最大的问题是医师需要克服面对面诊断缺乏造成的不便，因为他们需要面对面向病患提供治疗意见。因此，为了鼓励提供远程医疗服务的医师安装和使用对远程服务至关重要的通信技术，阿波罗医院采取了一些措施，让他们感觉他们像一支采用最先进方法提供医疗服务的团队。这项努力似乎奏效了，如今阿波罗医院在印度经营着七十多个远程医疗中心。

只要是医疗技术紧俏的地方，远程医疗就有其用武之地。地理位置较优越地区的医疗服务中心将作为远程医疗的管理中心，为那些无力负担昂贵旅费和治疗费用的患者所在的边远地区的医疗服务中心提供高质量的医疗诊断和治疗指导。这项技术无论是在印度还是在美国都运行良好，但是在实施过程中同样会遇到 Reddy 博士在印度面临的问题。

物联网

究其本质，物联网是一种新兴的网络类型，它使物品与物品之间相联结，任何物品也都可以与互联网相联结，旨在为客户提供更智能、更高效、更个性化的体验。

据信息技术咨询公司高德纳（Gartner）称，预计到 2020 年，将有近 260 亿台设备接入物联网。种类各异的设备将能够在各种各样的实体环境中进行信息的收集。服务提供商最关心的是物联网在信息传感设备得到感应之后采取行动的能力。我们见证了智能购物系统的创建，这一系统通过追踪移动设备来监控消费者在商店中的购物习惯。有了数据的传输和收集，商家可以即刻提供相应的特价优惠，或对即将出现故障的产品提供维修服务，抑或推出一系列新颖的服务。

物联网为疲惫的产品导向型企业提供了一个创造引人注目的新服务业务的巨大商机。举一个简单的例子，通用电气的照明业务使通用电气对自身进行了重新定位，从一个几乎没有增长机会的成熟企业转变为一个大型的服务业企业。新的通用电气照明利用其照明与电气监控设备中的嵌入式智能服务大幅减少了家庭、办公室和政府大楼的用电量。

那些预期增强企业物联网能力的服务业领导者应当认识到精心设计服务界面（针对特定目标群体的需求）的重要性。对于那些力图创造积极客户体验的管理者来说，处理这些设备收集来的大量数据是一个巨大的挑战。

设计网络：管理成本/价值曲线

网络是许多服务支持系统的核心，包括社交网络、航空公司的航线结构和零售连锁店的运营。它们具有每添加一个新参与者或“节点”就获得新附加值的特性。然而，扩大网络所需的成本可能会对网络的规模有经济上的限制。网络管理的核心问题是新增部分的价值和成本之间的关系，我们称之为“成本/价值曲线”（见图 6-2）。只要扩大网络所增加的价值超过成本，网络就会得到发展。从理论上讲，价值和成本相等的情况下，网络将会达到最佳规模。说了那么多理论知识，是时候回到现实世界了。

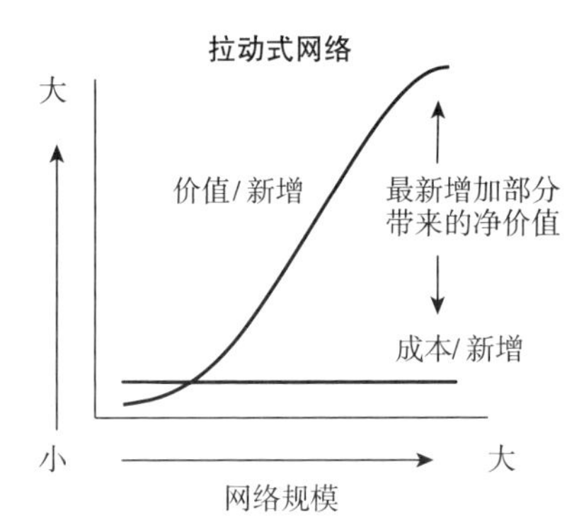

注：拉动式网络的例子包括社交网络和依靠互联网的直销网站。

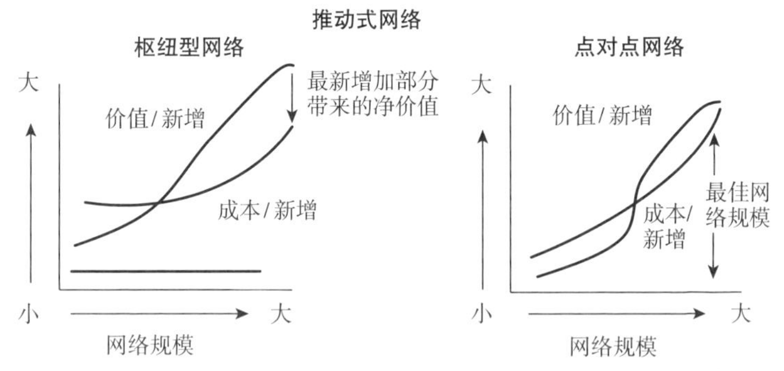

注：推动式网络包括那些应用于各种交通方式中的网络，例如高速公路系统。

图 6-2　拉动式与推动式服务网络的成本/价值曲线

运用拉动式或推动式网络

我们一般将网络扩展的任务分为两类：一种具有推动性而另一种具有拉动性，两种特性都会影响网络的可扩展性。例如，脸书的社交网络正是因为那些希望参与其中的人的加入而不断扩展的，这是一个由参与者需求驱动的拉动过程。网络上的信息流动由参与者负责扩展和维持，因此如图 6-2 所示，每新增一名成员的价值（至少对于部分现有的网络成员而言）远大于增添新成员所需的成本。所以社交网络的大小没有实质上的限制，添加成员的成本也不会超过总体收益，即使每个现有成员从中获得的收益可能相差较大。这些经济上的因素使得多数服务商纷纷采取追求快速增长的战略推动社交网络业务的发展。[9] 这些社交网络业务创造了大量迅速增加的价值。遗憾的是，一旦这种网络不再受到参与者的青睐，它创造的价值也将受到影响。我们所见到的针对年轻受众的社交网络的迅速兴起与衰落就是一个例子。我们可以将这种拉动式网络与推动式网络的特征进行对比。

John Jamotta 是西南航空的飞行航线设计负责人。当他需要选择下一个纳入西南航空航线网络的城市时，他不仅要考虑

---

⑨ 基于互联网的网络的相关论述，可参阅 Thomas R. Eisenmann, ed., *Internet Business Models*: *Text and Cases* (New York: McGraw-Hill, 2001)；以及 Thomas R. Eisenmann, "Managing Networked Businesses: Summary Module," Harvard Business School Module, Note 808-008, 2007。

这一选择对公司收益带来的积极影响，也要考虑建立和运营一个新基地的高额成本。这些成本就是在推动式网络中网络运营商需要承担的成本，它们限制了网络的增长速度和规模，如图6-2所示。此外，John Jamotta不仅要考虑公司需承担的费用，而且还必须评估在某个特定航线设计中航空公司的乘客得到的价值以及需要承担的费用。他的解决方案是根据西南航空的乘客出行量和旅行习惯数据库决定如何将新城市联结到网络中，尤其是新城市将如何与其直接服务的其他城市相联结。

应该提供多少联结

基于互联网的拉动式网络中的联结量（网络中各点和人员的联结程度）可能非常大。理论上，每一个脸书用户之间都是相联结的。但脸书必须认清一点，那就是并非所有网络用户都希望彼此联结。因此，脸书必须设计一些方法（“加为好友”的设置）使用户能够限制他们的私人联结。

然而在推动式网络中，情况却未必如此。自成立以来，西南航空便一直向客户展示其“点对点”网络的优势——乘客无须中转便可直达目的地。因此，西南航空运营着一个具有大量点对点联结的网络。当John Jamotta要将一个新的城市纳入西南航空的网络中时，他和他的同事们面临着两个选择。其一是将该城市与另一个城市相联结，使乘客们得以经由另一个城市联结到网络的其他点上。其二是选择在新城市和现有网络之间建立多个联结来实现这一目标，学术界称这种方式为“增强连通性”。

航空公司拓展网络需要承担昂贵的候机楼运作费用甚至更高价的“联结”费用（飞机）。因此，除非航空公司采取措施限制联结数量以控制成本，否则点对点网络的成本曲线就会相对较陡。相比之下，枢纽型网络的成本曲线则没有那么陡峭（如图6-2所示）。枢纽型网络的成本主要取决于枢纽的建设数量，此外，枢纽型网络的扩展超过一定规模时也会对运营成本造成不利影响。

虽然枢纽型网络的扩展成本低于点对点网络，但这种模式也有其弱点。乘客需要承担在枢纽机场转机的代价，他们面临多种联结选择并且需要经历中转才能抵达目的地。这样就形成了某种权衡，为提供直接的点对点服务的航空公司创造了潜在的竞争优势。需要注意的是，这里的优势是指“潜在”的优势。如果直接的点对点网络的运营成本高于枢纽型网络，那么点对点网络的运营商只能收取更高的票价或者提高运营的容量利用率（航空公司内部也称之为“客座率”）。在西南航空的案例中，管理层一般选择保持较低的票价以吸引足够的乘客，从而在一个主要是点对点的网络上实现高客座率。西南航空成功做到了供求平衡，它在美国各地的机场管理机构当中依旧有很大的市场需求就足以证明这一点。这些机场管理机构明白，西南航空的票价结构能够将其机场的客流量提高二至三倍。

对网络“健康”的影响

在任何网络中，组织都必须确保新增内容不会对现有网络的质量或运行状况产生负面的影响。在推动式网络，例如零售特许经营连锁店中尤其如此。麦当劳的特许经营协议中规定了运营的高标准，要求新的特许经营人必须在现有的麦当劳餐厅工作一定的时间，并且还要到公司的汉堡大学进修。

2009年，在考虑把业务拓展到纽约的拉瓜迪亚机场时，John Jamotta不得不考虑以下因素：机场拥堵对西南航空其他网络的影响，进出该机场航班准点率的不良记录。西南航空必须寻求一些方法来保护航线网络的其余部分免受拉瓜迪亚机场带来的不确定性的影响。它们的对策是确保尽可能安排航班只从一个中转城市进出拉瓜迪亚机场，从而使其他的机场免受不确定性的影响。[10]

对企业文化的影响

说到对企业文化的影响，组织总是面临着网络扩展过快带来的风险。因为航空公司必须为其服务的每个新机场配备人员，所以它们尤其面临着这些风险。西南航空是一个注重保护企业文化的组织，它曾经拒绝了数十个城市加入其网络的请

---

⑩ 可参阅James L. Heskett and W. Earl Sasser Jr.,“Southwest Airlines: In a Different World,” Harvard Business School Case 910-419, 2009。

求，更愿意走循序渐进的发展道路。并且，在考虑将拉瓜迪亚机场纳入其网络时，西南航空的领导层必须确保能够找到与西南航空的企业文化（源于得克萨斯州）兼容的纽约员工。在这一案例中，西南航空在决定纳入新机场的同时也需要考虑为新的机场配备来自纽约和其他机场的现有员工。[11]

对客户体验的影响

无论是何种性质的网络设计，在服务设计中最重要的因素是最终形成的客户体验。一些脸书的用户希望尽可能多地与其他用户建立联系，其中一些人可能有想要出售的东西，还有一些人可能只想与经常交流的“好友”保持联系。他们需要一项功能（设计）使他们能够自行选择好友并过滤掉网络中的其他用户。对于用户而言，实现这一功能所需的转换是即时的，他们看不到这一转换，也不需要为此承担任何费用，而对网络运营商而言，转换的成本同样也非常低。

上文曾经提到，搭乘飞机出行时如果中转会遇到许多不便并且花费更多的时间。和脸书选择好友的转换相比，客户要为“中转”这一转换付出更高的代价。枢纽型航线需要乘客反复转机以从其他城市进入网络中的目标城市。因此，枢纽型航线将会因为提供点对点直达的航线的竞争而遭受损失。

---

⑪ 拉动式网络有时也会涉及同样的风险。例如，发展迅速的互联网网站Craigslist与可疑的广告商联系在了一起，且这些广告商的可信度反映不佳，因此网站要求运营商开始筛选广告商。

网络传送内容的重要性

到目前为止，我们一直假设网络设计的目的是传送消息、运送乘客，或通过零售连锁店为消费者提供服务。那么，如果网络的任务是将货物从一个点运输到另一个点，情况又会有什么不同呢？此时，网络运营商需要关心的是总的运输时间和可靠性。然而，具体情况又会依据货物的价值不同而有所变化。例如，ZARA 是总部位于西班牙的服装零售品牌，从远东地区运到 ZARA 门店的时装将直接空运，以最大限度地减少运输时间和潜在损坏。这样一种网络创造的价值远远超过其高额成本。相反，米塔尔钢铁（Mittal Steel）采用的是以成本最低的运输网络将产于印度工厂的产品运到遥远的客户群，即使中途需要耗费很长的时间，在几个港口停船卸载部分钢材。

网络中的标准化与定制化

走进肯尼亚内罗毕机场候机楼的瑞士航空（Swissair）值机区域，那里的指示牌、清爽的制服以及周到的服务会立马令人感觉回到了瑞士。无论当地的习俗和惯例如何，这一值机区域的外观和运营方式都与瑞士航空网络中的其他任何一个运营基地一致。瑞士航空这么做是为了打造公司的品牌，向乘客保证他们将安全地从始发地抵达目的地，同时体验到瑞士人的热情好客。

然而，走进广告代理公司恒美（DDB）的上海办事处，你可能会以为走进了一家典型的中国服务业企业。恒美上海办事处提供的服务以及相关政策与程序都体现了当地的需求和习惯。当上海办事处的目标客户是本土企业和跨国公司客户的中国代表时，情况更是如此。此时，公司的一些核心职能，例如财务，依然是标准化的，但是法律服务和人力资源管理等职能须进行分权式及定制化管理以适应当地法律和文化。

如果当地客户的偏好差异特别显著，但是公司一向实行高度标准化并且选择塑造客户偏好而不是迎合他们的需求，那么标准化的问题就会尤为棘手。麦当劳就属于这种情况，它让美国人明白快餐应该是什么样的。不同于它的竞争对手汉堡王（Burger King）所宣称的，麦当劳并不是一个可以“我选我味”的地方。

是那些特许经营者说服了麦当劳的管理层，让他们相信麦当劳在全球其他地区的销售不能实行完全的标准化。因此，香港麦当劳餐厅的菜单上有抹茶豆奶以及米饭等食物。根据麦当劳的特许经营协议，所有麦当劳餐厅必须供应汉堡和薯条等核心菜单选项。而如今，遍布世界各地的麦当劳加盟店也供应着一些美国本土没有的地方特色食品。⑫

⑫ 麦当劳的管理层依旧在为解决这一问题而努力。2013 年年中，麦当劳宣布底特律的两家特许经营商停止向以穆斯林为主的客户提供清真牛肉和鸡肉产品，因为它们因涉嫌非法销售并非真正的清真肉类产品而被起诉。

设施设计：为服务接触打造服务场景

位于芝加哥郊区的柳溪社区教堂（Willow Creek Community Church）是美国最大的大型教堂之一。它的礼拜仪式是在一个没有寻常宗教符号和神器的大型圣殿中进行的。这些礼拜（服务）的典型特征是由教堂乐队演奏的慢摇滚音乐和体现宗教在生活中重要性的戏剧或幽默小品。牧师站在由透明材料制成的诵经台后面进行着更像是表演的布道。所有这些特色都旨在使布道者更亲近受众，同时也暗示着步道内容的可及性。

这种服务专门针对那些可能正在寻找教会的“寻求者”，一些信徒可能也会与他们一同参与周日的礼拜。除此之外，这些信徒还参加星期三晚上在同一个圣殿举办的宗教活动，但届时会有宗教符号、神器以及一些更传统的宗教服务元素。柳溪社区教堂以标志、符号和神器作为有意识的战略，创造所谓的“服务场景”。服务场景既可以形成客户预期，也可以沟通服务将以什么方式提供。[13]

起初，服务场景被营销者称为塑造形象或品牌的重要方式。随后 Mary Jo Bitner 指出，在服务接触中，服务场景对员

---

⑬ 想要了解这一概念的早期发展，可参阅 Bernard H. Booms and Mary Jo Bitner, “Marketing Strategies and Organization Structures for Service Firms,” in *Marketing of Services*, J. Donnelly and William R. George, eds. (Chicago: American Marketing Association, 1985), pp. 47-52。Booms 和 Bitner 是这样定义服务场景的：“提供全套服务，让卖方和客户展开互动，并且配有能促进服务效果或沟通的有形商品的环境。”

工也同样具有重要的影响。她将服务场景的要素分为三类：环境条件（如温度和声音），空间和功能（布局），标志、符号和物品。[14]

服务场景起着多种作用。它们能够体现服务的性质，在潜在客户间建立信任，也能够促进服务（不管是涉及人际互动的服务还是自助服务）的提供。

设计传达服务性质

服务场景会与潜在客户“对话”，告知客户他们可能享受到的用餐体验（白色或更加随意的桌布、银质或塑料餐具、柔和或明亮的灯光、墙上挂着的油画或旅行照片）。它们充分体现了服务的理念，例如餐厅的厨房是不是用餐者可见的。服务场景包括餐厅的清洁度和员工的态度，两者很大程度上体现着管理的质量。这些都是用餐者第一次去餐厅时寻找的信号，它们向顾客提供营销者所称的一些重要线索，即接下来将会发生什么，以及餐厅事实上是否适合这位用餐者。[15] 服务场景也会影响员工对许多事物的看法，例如餐厅这一工作场所的质量、与工作相关的声望和威信、内务管理标准以及餐厅管理质量。研究表明，这些看法又会反过来影响员工的工作满意度、

---

⑭ Mary Jo Bitner, “Servicescapes: The Impact of Physical Surroundings on Customers and Employees,” *Journal of Marketing* 56, no. 4 (April 1992), pp. 57-71.

⑮ 可参阅 Mark S. Rosenbaum, “The Symbolic Servicescape: Your Kind Is Welcome Here,” *Journal of Consumer Behavior* 4 (2005), pp. 257-267。

动力和生产率。[16]

设计引发潜在客户的信任

信任在服务接触中非常重要，尤其是当客户感知到风险、对于可能遇到的状况一无所知、初次体验一项服务并且无法从可靠的来源获得建议时。这就是为什么像 Yelp. com 这样发布对各种服务提供商的评论的网站会有如此高的访问量。当客户的不确定性很高时，服务场景（配合以服务提供商行为、客户保障程序以及服务保证等政策）可以建立起其所需的信任。

最近，我们当中的一人（Heskett）不得不在他并不熟悉的社区寻找一位牙医。Heskett 不知道该向谁询问，因此他能做的就是从保险公司 Delta Dental 那里打听最近的牙医。Heskett 知道治疗可能会涉及所有流程中最令人恐惧的根管治疗，因此他第一次去就诊时非常不安。这种情况下，视觉线索将发挥重要作用，而他捕捉到的视觉线索却有些不妙。候诊室陈旧并且有些沉闷，从候诊室里可以看到的设备似乎也不是最新的，狭小的休息室里，物品堆放得杂乱无章。当患者带着高度的感知风险进行服务接触时，信任非常重要。但是这些线索无法培养患

---

[16] 这一观点总结了多项在餐厅和其他服务场所开展的研究项目的结果。例如，可参阅 Bitner，“Servicescapes”；Mary Jo Bitner，“The Servicescape，” in *Handbook of Services Marketing & Management*，Teresa A. Swartz and Dawn Iacobucci（New York：Sage Publications，2000），chapter 2；以及 Eric Sundstrom and Irwin Altman，“Physical Environments and Work-Group Effectiveness，” *Research in Organizational Behavior* 11（1989），pp. 175-209。

者的信任。最终的结果证明虽然服务质量尚可，但是患者并没有再回来接受后续的治疗。

设计促进服务交付

服务场景不同可能会导致自助服务出现成和败两种截然不同的结果。要想让客户对服务场景留下好印象并成功地完成一笔交易，布局、引导标志和指示都是至关重要的。网站是许多人访问得越来越频繁的一种服务场景，有些网站设计可以促成交易的成功，而有些设计则令客户失望不已。

在人际接触型的服务中，许多服务场景的特征可以协助服务人员提供“英雄”式的服务。例如，在恺撒娱乐，高赌注老虎机的设计体现了若干服务场景的特征，目的在于确保“为价值最高的客户提供差异化的服务”政策的有效实施。当客户刷“全面回报”的会员卡开始玩游戏时，机器会亮起一种颜色的信号灯向赌场服务人员发出有关客户价值的信号。由于老虎机的玩家一贯不喜欢停下游戏去取食物或饮料，所以这些服务人员可以直接把这些食品或饮料端到老虎机前，并通过客户预先授权的信用卡或借记卡支付，从而免去了客户停下游戏到钱包里找钱的麻烦。在这一案例中，服务场景协助恺撒娱乐的员工为客户提供差异化的服务，从而提升了客户心目中“全面回报”会员计划的价值。

当然，服务场景经常需要重新设计以支持新技术的应用。技术、网络和服务场景的设计与应用可以成就也可以毁掉一项服务，结果取决于它们之间以及它们与服务战略的一致性程度。

回到星巴克的故事——失败的技术

回到上文提到的星巴克的故事。Schultz 听到很多合伙伙伴（员工）抱怨他们逐渐失去了与顾客的接触，于是他撰写并发送了一封加密的电子邮件给公司的首席执行官及其团队。在这份邮件中，Schultz 简要概述了他的担忧。这封标题为“星巴克体验的商品化”的邮件被其中一个收件人泄露给了外界，由此引发金融分析师、投资者和合作伙伴的诸多议论。尽管公司的财务业绩依然良好，但 Schultz 的告诫没能带来改变，这令他倍感失望和懊恼。其他董事会成员担心即将到来的全球经济危机对公司的影响，于是在 2008 年年初请 Schultz 再度出山，重返星巴克担任首席执行官。

当 Schultz 恢复首席执行官一职时，由瑞士制造商 Thermoplan 设计的新型浓缩咖啡机 Mastrena 正处于最后的设计阶段。Schultz 同意将 Mastrena 投入使用，但要求对其进行“更巧妙的设计”以改进星巴克店内顾客（和咖啡师）的体验。其中一个目标是降低柜台上咖啡机的高度以恢复咖啡师和顾客之间的目光接触——这对星巴克的服务接触至关重要。根据我们对支持系统的判断标准，如果新的咖啡机可以做到这一点，那么员工、顾客和投资者的损失就可以转换为收益。Schultz 对设计结果的描述充分体现了设计的微妙之处、他对那些有助于提升咖啡体验的服务特性和观点的热衷，以及将技术融入服务战略中的复杂性：

> 有着闪亮的铜制金属外观以及符合人体工学设计的Mastrena确实非常雅致。在顶部，一个清澈的圣杯盛着新鲜的咖啡豆，等待研磨。在内部，每个零件都是专门为星巴克的咖啡豆设计的。令我非常欣喜的是，Mastrena在柜台上的高度也比之前的咖啡机低了4英寸（1英寸=2.54厘米），咖啡师和顾客因此能够进行眼神与语言上的交流。通过完美掌握咖啡的研磨颗粒度和倾倒时间，咖啡师可以自豪地“享受”每一个镜头。⑰

Schultz的描述近乎诗意，无怪乎我们仍然愿意为在星巴克的体验支付额外的费用。它体现了将技术应用于提供体验而不仅仅是提供产品或服务之间的细微差异——对客户和服务提供者而言视觉美学、沟通交流以及员工主人翁地位的重要性。

Schultz选择一定程度地置身事外，以便更加客观地看待一切。他发现，星巴克的门店正在失去其独特的“味道”，因为它们的服务场景发出了错误的信号。例如，咖啡研磨的气味被新推出的早餐三明治中的奶酪味取代，许多新的产品正在门

⑰ Howard Schultz, *Onward*, pp. 121-122.

店内出售，销售点设备已经过时了。

星巴克的重整需要其放弃新的产品，恢复店内的咖啡氛围，每家门店关闭数小时以便重新培训合作伙伴（员工），并恢复使用将咖啡师与顾客重新联系起来的技术。因此，将近2万台旧机器被新的Mastrena咖啡机取代，咖啡师手中的咖啡艺术，以及对服务体验至关重要的员工-顾客关系也恢复如初。对员工与顾客的互动质量至关重要的员工忠诚度几乎立即得到提升，顾客忠诚度和利润也随之提高。星巴克正在重拾多年以来使其在业内脱颖而出的店内服务体验。

展望未来

技术、网络和设施设计正迅速地改变着服务的面貌，使我们可以从中窥见未来的发展趋势。人们可以从如今的发展方向中相对容易地预测到一些现象：预见性服务、远程服务、基于机器对机器（M2M）通信的服务、基于所谓的物联网的服务、机器人的应用，以及围绕员工和客户需求展开的综合服务场景设计。

超前服务

一些组织如通用电气医疗、奥的斯电梯和重型卡车制造商多年以来一直利用技术预测产品的维修需求。电梯上的传感器持续提供测量数据，使工程师得以监测其磨损程度和其他功能，从而使维修团队能赶在业主提出要求之前及时提供维修服务。技术逐渐让更多的组织能够预测产品维修的需求，而这些产品越来越大程度上变成了能自动向正在等候信号的技术人员传达维修需求的简易计算机。

远程服务

情况越来越清晰地表明，任何以信息和知识传输为主要内容的服务迟早会实现某种程度的远程化。这将对用户的体验质量以及服务提供商之间的竞争产生深远的影响。能够获取“世界上最好的”建议或指导将迅速提升远程服务的标准。不仅如此，它还会导致竞争的不断加剧，从而持续提升标准，造成许多服务提供商处于明显的竞争劣势，甚至失业或破产。一些服务水平普通的医院和高等教育机构已经感受到了这一压力。未来，这一压力还会继续蔓延到其他的服务行业。

基于物联网和 M2M 通信的服务

近年来，所谓的大数据系统一直从各种机器、计算机、移动设备或其他来源大量收集原始数据（而非信息）。因此，人们能够应用先进分析方法获取有关人类行为和事物运作的信息。这些分析方法可以自动触发相应的操作，为组织带来竞争优势。如今，能够相互“对话”的 M2M 在这类信息的采集和分析中得到越来越多的应用。Jasper Technologies 公司的创始人 Jahangir Mohammed 表示：“当物品相联结时，它们就会形成一种服务。”他的公司开发了“能使公司管理这种（物联网）服务并从中获利”的软件。例如，这种软件能使被盗窃的日产（Nissan）汽车将定位信号直接发送给相关执法部门。或者它可以通过结合自身与美国电话电报公司（AT&T）的技术，将一台通用汽车（General Motors）变成遥控的Wi-Fi热点，使乘客能够在车里做任何在计算机或移动设备上可以做的事。

通过物联网提供服务有着巨大的可能性。未来几年内会出现大量的物联网服务，人们将认为这些服务是理所当然的。在服务提供方和制造商的通力合作下，这些服务还能够提高生产率。

机器人的应用

有些人一直在思索利用机器人提供服务的问题。机器人的应用确实会增加，但是将主要局限于那些不涉及与客户面对面接触的服务，例如仓库订单的处理。利用机器人提供服务面临着一些挑战。首先，除了一些简单的交易——例如已经普遍获得成功的从银行账户中提取现金的应用——客户显然不愿意与机器人互动。而其他更复杂的挑战涉及工作中的互动，特别是当人类与机器人以类似团队合作的形式一起提供服务时。这种情况下，服务的提供既需要机器人的效率也需要人为的判断。一项分析结果表明，“研究机器人的研究人员正在面临一些有趣的问题。比起机器人能够执行什么样的任务，研究人员更关注机器人需要什么样的人际交往能力才能说服人类同僚接受它们”[18]。尽管机器人的应用可能发展缓慢，但它们将会越来越多地被应用于医疗手术和安保等服务中。在这种情况下，它们将提高生产率，同时淘汰一些服务岗位。

整合服务场景设计

未来，服务的设计将更加注重客户体验，而不只是达到诸如营销、运营或财务等目的。某种意义上，服务将逐渐从内向外进行设计，首先从客户开始。在这一设计过程中，服务场景的概念将变得更为重要。设计人员将会考虑如何使技术、网络和设施设计相互配合，协助服务提供者提供客户所预期的体验。整合的设计将逐渐成为这一领域竞争的关键。

最终考验

必须着重强调的是，设计和实施任何一种支持系统的首要标准是判断其是否为员工、客户和投资者创造了多赢。如果某一方的答案是否定的，那么这可能意味着需要重新进行设计，而无论对其中一方的利益有多大或者三方的利益总和如何。

支持系统正在飞速发生变化，背后的驱动力主要源于技术

---

⑱ 参见 Joan O'C. Hamilton，“Will They Eat Our Lunch?” *Stanford Magazine*，January-February 2014，https：//alumni. stanford. edu/get/page/magazine/article/？article_id=67459。

的变革。出现这种情况时，管理者通常在理解和展望未来发展前景的能力方面存在着明显的代际差异。这些差异解释了为何如今的变革是由年轻的企业家引领的，而不是由大型成熟组织的高层管理人员引领的。大型服务组织未来的经营问题不是如何使其更具有创业精神，而是如何将形成于大型服务巨头之外的新理念应用于服务其大部分客户。这一目标是否主要是通过收购或在后起之秀取代曾经的巨头的过程中得以实现的?

到目前为止，我们几乎一直假设服务的对象是客户。我们讨论的问题都是“我们能为客户做些什么”，放眼未来，问题将更多围绕着“我们能利用客户做些什么”，甚至“客户能为我们做些什么”展开。事实上，正如读者们接下来会读到的那样，客户往往愿意做很多事情。

在下一章中，我们将会了解到服务组织是如何挖掘客户作为主人翁而不仅仅是作为目标人群或组织所具有的巨大价值的。

第七章

服务营销——培养客户的主人翁意识

杰出服务业领导者应知：

仅满足客户是不够的

杰出服务业领导者应行：

采取措施发展有主人翁精神的核心客户

我们必须坦率地说，本章的目的是让读者相信传统的营销理论和实践有很多是有误导性的，特别是在应用于服务营销时。因为这种营销活动不够集中，所以它不仅浪费资源，而且忽略了这样一个事实，即许多（也许是大多数）服务组织中不超过10%的客户贡献了所有的利润。我们将他们视为“主人翁”——这些客户是忠诚且投入的，帮忙推荐，为新服务提供想法，并提出改善服务接触的建议。20个客户中只会有1个将自己视为主人翁，而由这些主人翁组成的群体可以取代大多数传统的营销活动。

当客户成为主人翁时会发生什么

我们在第四章已经看到了当客户充当主人翁的角色时会发

生什么。当 Mabel Yu 帮助她的雇主先锋集团在 2008 年经济危机之前避免进行异常的、有风险的投资时，尽管面对嘲笑也始终坚持自己的立场。客户充当服务的主人翁和共同创造者时，可以对服务成本和价值产生深刻影响。他们在意大利北部的 La Villa Gallarati Scotti 庄园就是这样做的。该庄园是法国巴黎会议之家（Châteauform'）运营的 30 多个城堡风格的会议场所之一。我们其中一人（Heskett）所参加的一个研讨会就在这里举办（研讨会旨在提醒与会者客户创造服务价值的力量）。[①]

热烈欢迎与会者来到庄园之后，一对夫妇带着大家参观了公共房间、酒吧和餐厅。这对由大家精心挑选出来的夫妇，被鼓励将自己当作庄园的所有者来管理其中的设施。参观的过程中似乎只缺失了一样：工作人员。事实证明，只需要一小部分人员来提供服务就可以了。

客人们不用担心食物、红酒、娱乐服务甚至酒吧消费的价格，这些都没有明码标价。全包的每日费用就是这样。客人们可以像在家里一样，在吧台喝一杯，或者半夜饿了时在厨房的桌子上找东西吃。简而言之，它就是那种拥有很多人都喜欢的服务的地方。这是一种自助服务，客人们可以自己动手，贡献劳动力，同时降低成本。他们为什么这样做呢？可能是因为他

① 本章中有关 Châteauform' 的信息是基于个人的观察，该公司的网站 http：//chateauform. com/en/chateauform/maison/29/la-villa-gallarati-scotti，对外宣传材料，以及一个案例：Benoit Leleux，Winter Nie，and Anne-Sarine Courcoux，“Chateauform'（A）：How to Grow and Maintain Service？” Case No. IMD-3-1660，International Institute for Management Development，October 25，2006。

们喜欢自己为自己服务的新鲜感，而平时这些服务都是由别人提供的。但同时他们也愿意这样做，因为除了那对已婚夫妇在进行管理，客人们也被邀请对庄园的财产负责并将其视为他们自己的财产。

这种全包式、自助式的服务只是众多实践中的一种，这些实践可以催生高度的员工和客户满意度及忠诚度，以及良好的财务业绩，这些我们稍后会看到。这些实践将 Châteauform' 与来自其他高管培训中心的运营商区分开来，并提供了超越那些传统会议场所的竞争手段和优势的来源。

此时，你可能会问这与营销有什么关系。毕竟，客户参与服务的共同创造，客户体验到的差异化价值超越了有关成本的考虑，主要关注运营而非营销。但接下来发生的事情就将两者联系起来了。Châteauform' 在很大程度上依赖于对其服务感到满意的客户将服务推荐给新客户。刚开始时客户可能先介绍极具吸引力的、不同寻常的体验，比如在 La Villa Gallarati Scotti 庄园可以品尝自己做的饮品。但谈话很快转向整体体验的质量及其产生的结果。这一点有助于解释为什么 Châteauform' 通过口口相传获得了超过一半的业务，更有力地证明了客户充当主人翁的影响。

Châteauform' 的例子充分地表明让客户共同创造和转介服务可能是竞争优势的重要来源。Châteauform' 通过在其客户中发展高比例的主人翁脱颖而出。这些客户处于我们所说的“主人翁精神曲线”的顶端。

主人翁精神曲线

客户主人翁精神的性质可以通过以下六种不同类型的客户得到较为准确的描述，这些客户被排列在主人翁精神曲线上（见图7-1）。该曲线反映了价值、信任和忠诚度（由一群具有主人翁精神的员工全心全意发展而来的）对客户主人翁精神和客户终身价值的影响。

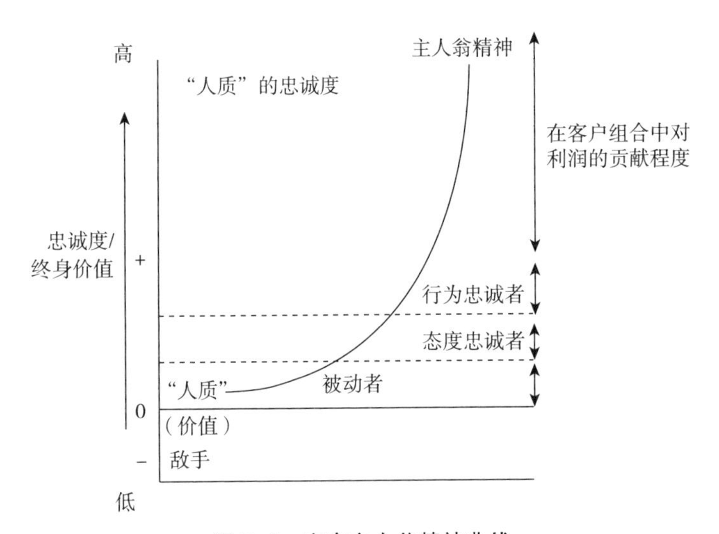

图7-1　客户主人翁精神曲线

资料来源：改编自 James L. Heskett, W. EarlSasser, Jr., and Leonard A. Schlesinger, *The Service Profit Chain: How Leading Companies Link Profit and Growth to Loyalty, Satisfaction, and Value* (New York: The Free Press, 1997), p. 87。

随着客户主人翁精神刻度从左向右移动，忠诚度/终身价值刻度从下往上移动，与客户之间的主人翁关系以越来越快的速度增长。落于主人翁精神曲线上的当前或潜在客户会体验到不同的价值（结果与服务体验的质量相结合），并会对他们的体验做出各种不同的反应。

首先，有一组客户认为从服务中看到很小的价值，对服务提供者几乎没有任何信任可言。他们的期望显然没有得到满足。有些客户仍然是被动的，不会告诉任何人，但发誓不会重复这种经历。其他客户则采取行动，告诉别人他们的糟糕经历，并劝阻一些人尝试这种服务。[②] 我们曾经称这些人为“恐怖分子”，但自“9・11”恐怖袭击事件以来，我们相信“敌手”是一个更好的术语。敌手们可能会阻碍业务的发展。如果有太多客户决定在组织刚起步时就采取行动，则其可能会面临破产。组织要及时通过投诉流程或情报站找出这些客户，这样才能最大限度地安抚他们的不满情绪。正如我们在图 7-1 中看到的，敌手对服务提供者来说代表着负的终身价值。

被动客户，无论他们有积极的还是消极的服务体验，都落在曲线的中间范围。无论他们的经历如何，他们都不会告诉别人，也不会表现出很高的忠诚度。他们构成了曲线上最大比例的客户。一组特定的被动客户对于服务组织来说代价可能是高

② 多项研究表明，对服务有负面看法的客户比那些有积极看法的客户更有可能告诉别人他们的体验。

昂的。他们是机会主义者，在组织做促销活动时购买，之后恢复被动状态。对于这个群体而言，价格是影响价值的主要因素。被动客户可能表现出一种特别令人恼火的特征：他们相信并告诉研究人员他们将会再次购买，而不管实际上他们是否会这样做。我们认为诸如此类的行为会对净推荐值等指标的衡量造成影响，因为这些衡量指标可能受客户再次购买意向的虚假表达的影响。这种行为被称为态度忠诚。[3]

在图7-1的右侧是忠诚客户，他们获得了良好的服务，会重复购买，而这种重复购买可能会随着时间的推移成为组织利润的重要来源。他们不仅态度忠诚（相信他们自己是忠诚的），而且行为忠诚（实际上确实会再次购买）。[4] 就像被动客户一样，他们只是偶尔会告诉别人他们的经历，即使他们可能对“你有多大的可能会将我们的服务推荐给朋友”这个问题做出积极回应。这也对准确衡量忠诚客户的盈利能力造成了影响。那些确实会向朋友推荐服务的人是主人翁。

有一种类型的客户没有在主人翁精神曲线上。我们之所以称他们为“人质”，是因为我们没有想出其他任何词语来解释为什么他们同时表现出高水平的忠诚度和较低的终身价值。这些客户认为自己陷入了一种关系中，如果很容易寻找到其他服

---

③ 可参阅 M. D. Uncles, G. R. Dowling, and K. Hammond, “Customer Loyalty and Customer Loyalty Programs,” *Journal of Consumer Marketing* 20, no. 4 (2003), pp. 294-316。

④ 同上。

务提供者，他们就会终止这种关系。他们向任何愿意倾听的人抱怨，给他们的服务提供者带来负面价值。随着有线电视和网络服务提供等行业的发展及巩固，“人质”的数量在不断增加。

我们绘制图7-1中的曲线是为了表明主人翁是推动组织绩效达到新高度的人。这些忠诚的客户不仅表达了推荐一个组织的意愿，而且也将其付诸行动，对其他人产生了一些影响。他们通过这样做成为服务组织营销工作的重要组成部分。主人翁做的不仅仅是这些，他们也最有可能提供改善服务的建议（只要服务提供者会认真倾听，这也是下面会讨论的问题）。组织通过让主人翁参与运营决策来激发他们的热情。例如，由于西南航空在这方面已经有多年的经验，所以一些组织从西南航空那里得到启发，邀请客户主人翁帮助进行面试并选择一些将来为他们服务的一线工作人员。

我们对不同行业的几个组织中的客户主人翁精神的研究表明，1位客户主人翁的终身价值是80～100位被动客户的总价值。事实上，在许多服务组织中，主人翁和忠诚者贡献了超过100%的营业利润（抵扣了其余客户带来的损失）——尽管这些人加在一起可能占不到客户总数的10%。这是我们分析恺撒娱乐提供给我们的数据时得出的结论，如下所述。[5] 由于对这些想法是否适用于其他类型的服务感到好奇，我们邀请

---

⑤ 可参阅 James L. Heskett, W. Earl Sasser, and Joe Wheeler, *The Ownership Quotient: Putting the Service Profit Chain to Work for Unbeatable Competitive Advantage* (Boston: Harvard Business Press, 2008)。

Rackspace Hosting（一家依赖客户推荐的网站托管和管理公司）的前首席执行官 Lanham Napier 为我们提供了类似的客户主人翁价值的估算。通过几个假设和一些计算，他得出结论，Rackspace 的一位客户主人翁相当于大约 80 位参与度较低的客户，这也证实了我们提出的见解。

如果客户主人翁精神的经济性如此显著——我们认为其潜力很大——那么了解如何将客户群中的轻度被动者发展为主人翁和忠诚者是至关重要的。

将客户发展为主人翁

优秀的服务业领导者知道组织必须采取行动，以加强或鼓励客户主人翁精神。最基本的就是要持续为客户提供优质服务，这是本书大部分内容的主题。除此之外，还需要定义和追踪客户主人翁，让客户发挥作用，为客户提供多样的个性化服务，重新思考如何分配营销/运营预算。

为目标客户和服务者创造一致的价值：起点

交付给客户的结果的价值决定了他们再次购买的意愿，也可能决定他们的忠诚度。正是这种交付价值的一致性决定了他们的信任度。信任构成行为金字塔的基础，该行为金字塔包括：客户投入度（推荐意愿），忠诚度（实际再次购买），主人翁精神（新客户的推荐数量和新的经营方式的建议数量）。

对客户最重要的价值因素是什么？有两点变得越来越清晰。它只与所获得的产品或服务挨上一点边，只是价格的一部分。在许多情况下，它根本不涉及购买。

首先，客户告诉我们，无论是否需要产品和服务，主要目标都是获得结果或解决方案。这种知识是将 IBM 从产品导向型的大型计算机公司转变为向全球客户提供交钥匙信息处理解决方案的基础，而不管 IBM 的产品是否被调用来做这件事情。在许多情况下，该解决方案允许客户避免同时获取硬件、软件和相关服务，而是租用 IBM 提供的功能。如前所述，必能宝公司的管理层同样将公司从邮件处理设备的制造商和销售商转变为邮件处理设备的运营商。

其次，客户关心如何获得结果，以及体验的质量，从而引出这样的结论，即我们确实越来越多地生活在“体验经济”中。[⑥] 如果结果是客户获得价值的基本要求，那么体验的质量往往是决定客户是否会再次购买或推荐供应商给别人的决定因素。

结果和客户体验的质量是客户决定再次购买服务的核心。除非追踪展现出主人翁行为的客户从而加强与他们的关系，否则这些都没有太大的商业价值。但是这种做法是非常值得的。

---

⑥ 可参阅 B. Joseph Pine Ⅱ and James H. Gilmore, *The Experience Economy: Work Is Theatre & Every Business a Stage* (Boston: HBS Press, 1999)。

定义并追踪客户主人翁

越来越多的信息系统被设计来追踪客户行为。但追踪还不够，必须有人能够利用这些信息与客户进行个性化的“对话”，以使主人翁感到自己受到特别对待。

维多利亚的秘密的零售商致力于为需要内衣的客户创造难忘的体验，上千家商店中的每一家都可以访问有关忠诚客户购买力的最新数据库。一个新的“文胸发布会”是邀请客户下班后参加接待会，对其进行产品介绍，以及让忠诚客户体验试穿服务的机会。该公司的姊妹公司 Bath & Body Works，由于缺乏有关其低价美容产品购买者的详细信息，因此依赖于其店铺经理和员工的判断，将新产品的免费样品分发给更优质的客户。虽然这两种方法都是有效的，但将来的成功服务交付显然将越来越多地依赖于对客户主人翁的有效追踪。

让最佳客户起作用

我们相信，如果有机会，绝大多数客户主人翁（使用图 7-1 中的术语）都希望能够起到主人的作用。遗憾的是，太多企业进行营销时忽视了这一点，而是倾向于听从销售部门的告诫，不想因为请求忠诚的客户向别人推荐和提出建议而打扰他们。

我们在恺撒娱乐进行的研究表明这是非常错误的。[7]

恺撒娱乐是全球最大的赌场运营商之一。在我们之前的同事 Gary Loveman 的领导下，开发了可以说是世界上最大的客户忠诚度计划，被称为“全面回报”，它的理念是衡量每个会员对恺撒娱乐的终身价值。

我们在对客户主人翁精神进行研究时，能够访问超过 4 000 名恺撒娱乐的客户。我们向他们询问了标准的净推荐值问题（“根据您的经验，您是否愿意向其他人推荐恺撒娱乐?”）。我们也向他们询问了过去 12 个月内能够显示出其实际的主人翁行为的问题，以及他们可能愿意做其他哪些事情来帮助恺撒娱乐改善其运营。我们所发现的结果是显著的。

首先，我们发现恺撒娱乐最有价值的客户（七星和钻石会员）人均向其提供的净推荐值比其价值较低的客户（白金和黄金会员）多 20%，尽管两组在受访时表现出了大致相同的“推荐意愿”。如果有机会付诸实践的话，七星和钻石会员实际做的比表示要这样做更重要（也更准确）。他们的推荐也很重要，带来的新客户比价值较低的白金和黄金会员多出 32%。正如你可能猜到的那样，有更多像他们一样的七星和钻石会员，而不是白金和黄金会员被推荐过来。他们的推荐总共产生的新会员，其终身价值比白金和黄金会员推荐的会员大约

---

[7] 有关该研究的描述首先出现在 Heskett, Sasser, and Wheeler, *The Ownership Quotient*, pp. 17-18。

高73%。

不仅如此，这些高价值的、忙碌的、富裕的、可能有些自傲的七星和钻石会员中实际上愿意参加会议、讨论恺撒娱乐的新服务理念以改善其业务的客户比低价值的客户多16%。但最令人惊讶的是，在回答我们的问题时，39%的受访者表示他们愿意花时间帮助恺撒娱乐在考察和选择一线员工方面做出贡献。再考虑到样本中相对较少数量的七星和钻石会员的贡献（大约占总样本的5%），我们得出结论，在我们对该公司进行研究的那一年，高价值客户的终身价值要高于样本中其他95%的客户的价值总和。尽管可能会出现多报的情况，但是两者之间的差异确实是巨大的。每位七星和钻石会员都很容易为公司带来超过80位白金和黄金会员的价值。这个客户忠诚度计划有助于解释为什么该公司在2006年被两家私募股权投资公司以三倍于其五年前市值的价格收购。

这项研究的结果使我们得出结论：当忠诚客户被要求向潜在客户进行推荐时，他们的忠诚度不会降低，也表明成功的服务组织的首要任务之一是将忠诚者转变为主人翁。在一些最成功的服务组织中，营销管理似乎起到了一些促进作用。客户自己进行了大部分的销售活动。

提供多个服务等级

为了使“全面回报”计划能够很好地运作，恺撒娱乐必须能够提供多层次的服务，但这并不容易。不仅要通过信息技术获取每个“全面回报”会员的最新信息，还要通过其服务场景和网络及其生成信息的管理方式来获取。正如我们在第六章中看到的那样，尽管人有时很难做到，辅助系统却可以在促进服务差异化方面发挥重要作用。不过，辅助系统也并非万能的。组织雇用和培训员工不只是为了让他们提供多层次的服务，还要让他们向抱怨受到歧视的客户推销对组织忠诚的好处。

关于提供多个服务等级的政策已经受到很多质疑，包括公平问题以及是否会导致因此而却步的客户和被吸引的客户一样多。研究人员发现，不同的服务等级为那些了解需要做什么才能获得每个等级服务的客户所接受。真正令客户厌烦的是以极其不同的价格提供相同的服务，例如航空服务。

与航空公司常旅客奖励计划相关的差异化服务建立了高忠诚度。这种忠诚只有在乘客预定的出发时间或生活方式变更时才会受到负面影响（除服务质量差之外）。[⑧] 当乘客选择他们不常光顾的航空公司时，将得到相对较差的服务，因为在这些航空公司他们并不是常旅客，因而乘客的忠诚度可以由此得到部分解释。这种体验增强了他们对其经常光顾的航空公司服务的偏好，而且还提醒他们，并非每个人都能体验到他们的“家庭航空公司”所带来的服务。

---

⑧ 我们其中一人参与了20世纪70年代后期在马萨诸塞州剑桥市一家社区餐厅内进行的讨论，他们与航空公司的高管一起描述了一系列的想法，这些想法后来促成了一个早期的AAdvantage项目的引进。我们当时很少意识到常旅客优惠方案在建立忠诚度方面会如此有效。

这种类型的乘客体验说明了许多航空公司如今在使用其乘客信息时表现出的笨拙。当管理水平更高时，第一次（或不经常）乘坐该航空公司飞机的乘客，特别是预订商务舱的乘客的预订信息可以触发航空公司给予这些乘客一次性的特别待遇，以展现航空公司的最佳服务水平和客户忠诚的好处。这也是发挥信息的作用的同样有效的方式，可以将这种信息用于多个服务等级以作为服务营销的手段。但这要求管理层愿意详细调查并使用已有的信息，同时需要有愿意并且能够欢迎新乘客和潜在客户主人翁获得新飞行体验的一线客舱服务人员。

重新考虑如何分配营销/运营预算

关于旨在改变主人翁精神曲线形状的资金分配问题存在争议。那么，问题是：作为为服务运营和营销创建预算的过程的一部分，对于每个客户类型应该给予什么样的关注以及优先级？我们从充分的研究和少量的公开数据中得出这样的结论：优先级可能受客户个人情况的影响。但至少，首先需要高度重视如何来缓和对立者，这些对立者会对组织的声誉和品牌造成很大的伤害。其次，可以从迎合现有主人翁以及将忠诚者转变为主人翁的努力中获得较高的回报。接下来，认识到缺乏选择是怎么带来负面价值的，就可以通过提供替代或优质服务来挽回“人质”客户。但是应该花多少钱来将被动者转变为忠诚者并不是很清楚。令人惊讶的是，在对营销人员来说很重要的问题上，已经开展的研究却很少。

这就引出了经常被忽视却拥有潜在高投资回报的问题：转变其他组织的主人翁和忠诚者。在一些行业，例如航空业，有更大的机会转变竞争对手的客户。因为这种行业每次都很难达到或超过客户的预期。服务很慢、高峰时段设施使用很拥挤、由机械问题导致的航班取消，这些都是将自己的忠诚者转变为竞争对手的忠诚者的“完美”机会。我们熟悉的一位餐厅经营者在到竞争对手的餐厅用餐时经常携带自家的免费用餐券。每当观察到或听到顾客对服务或食物表示不满时，他都会拿出优惠券，邀请不满意的顾客到他的餐厅免费用餐，还顺便火上浇油地说：“没有人需要忍受你刚刚得到的这种服务。”

客户终身价值：转变营销方式

Châteauform’的员工因其客户的忠诚而获得奖励。此外，他们自然而然地会从满意公司服务的老客户向潜在新客户的推荐中获益。客户的忠诚度和推荐是客户终身价值最重要的两个来源。而客户终身价值是客户价值的真实衡量标准。当然，客户终身价值还有其他来源，例如增加购买和降低营销成本带来的更高的利润。总之，这些对客户终身价值的贡献来源在经济上可以带来令人惊讶的成功。

以数字衡量终身价值：支持性研究

我们其中一人（Sasser）和他之前的MBA学生Fred

Reichheld的研究得到了广泛的认可，激发了研究者们对客户终身价值的新兴趣。[9] 根据对九家不同服务领域公司的考察，他们得出结论，除了初次购买，客户忠诚度还可以从以下几个方面为公司增加收益：（1）相同产品的追加购买；（2）新产品的购买；（3）由于忠诚客户愿意为新产品付出额外费用而提高的利润；（4）忠诚客户的服务成本较低。随着客户和服务提供者之间越来越熟悉，客户甚至开始协助提供服务和培训新客户，为自己和他人得到更高质量的服务做出贡献。[10] 忠诚客户将服务推荐给新客户，增加了新的购买，从而提高了利润，这被Dwayne Gremler和Stephen Brown称为"忠诚涟漪效应"[11]。同时，充当主人翁的忠诚客户为公司提供新流程或产品的想法，使利润提高。Reichheld和Sasser发现，在某位忠诚客户最后离开公司的前一年，这位客户的盈利能力是最强的。

---

⑨ Frederick F. Reichheld and W. Earl Sasser Jr., "Zero Defections: Quality Comes to Services," *Harvard Business Review*, September-October 1990, pp. 105-111. Reichheld随后将这一想法在他的著作*The Loyalty Effect*中进行了详细解释，尤其在第33—62页。

⑩ 例如，可参阅S. J. Grove and R. P. Fisk, "The Impact of Other Customers on Service Experiences: A Critical Incident Examination of 'Getting Along,'" *Journal of Retailing*, Spring 1997, pp. 63-85。顾客促进体验质量提高的其他方式可参阅C. A. Lengnick-Hal, "Customer Contributions to Quality: A Different View of the Customer-Oriented Firm," *Academy of Management Review*, July 1996, pp. 791-824；以及David E. Bowen, "Managing Customers as Human Resources in Service Organizations," *Human Resource Management*, Fall 1986, pp. 371-383。

⑪ Dwayne D. Gremler and Stephen W. Brown, "The Loyalty Ripple Effect: Appreciating the Full Value of Customers," *International Journal of Service Industry Management*, 10, no. 3 (1999), pp. 271-291.

因此，在他们研究的九家公司中，他们计算出通过将客户关系从五年延长到六年，样本中的公司可以将客户关系的终身利润提高 85%。

为什么要估算客户终身价值？

任何赞同这项研究结果的人都必须认真考虑这种可能性，即新业务（至少在短期内）不如现有业务的盈利高。由此得出的结论是，营销预算应该包括足够的资金来保留现有客户，即使这意味着减少创建新业务的预算。如果没有客户终身价值的衡量标准，这种想法可能很难为人所接受。因此，估计客户终身价值不仅仅是一项学术活动。如果用来向高级管理人员强调他们为现有客户提供服务的重要性，该过程就特别有用。对于恺撒娱乐来讲，关注客户终身价值并不是学术活动，而是一种生活方式。

估算客户终身价值的行为使营销经理和其他经理正视客户积极体验的重要性。更重要的是，这是一种向高层管理人员证明大量的投资可以改善客户服务的途径，而这对他们来说并不总是显而易见的。客户终身价值不是一个有用的衡量成功的常用指标；相反，它是一个数字，如果时不时估算一下，就会提醒组织的各级人员，让他们认识到，作为营销战略的一部分，向客户提供恰当等级的服务的重要性。

估算过程

计算综合的客户终身价值需要大量信息。对于每个主要的客户类型，所需的信息包括以下几个方面：（1）客户关系的平均长度；（2）客户的获取成本；（3）与客户存在关系的时段内，（基本和相关）产品或服务的年销售额；（4）营业利润率；（5）由于在与客户的关系中改进做法和增加知识而增加的利润额；（6）与客户提供有关新产品或服务建议相关的营业利润；（7）老客户每年的新业务推荐数量；（8）新客户带来的营业利润［每一位新客户都重复步骤（1）到（6）］。

由于通常不会追踪大量此类信息，因此该过程通常需要对部分的终身价值估算做出假设。个性化的估算过程是有利的——确保员工“拥有”它。

将客户终身价值用于营销服务

我们之前提到恺撒娱乐的“全面回报”计划是基于会员的终身价值的。从“全面回报”计划的会员那里获得的信息被用于运营工作，为公司的忠诚客户提供有差别的、个性化的服务。但是，这些信息也用于营销工作。

“全面回报”计划是恺撒娱乐对其现有客户进行营销的基础。根据每位会员的概况和偏好，公司制订了各种优惠方案，旨在认可客户的惠顾和偏爱，并鼓励其主人翁行为。正如他们所说，这种做法肯定会起作用的。

大部分培养客户主人翁精神的成功始于招募员工作为主人翁。在员工为客户提供面对面以及个性化的服务时尤其如此。在研究恺撒娱乐时进行的附带调查发现，该公司54%的员工曾推荐他们的朋友来他们所在的公司工作。[12]

将意见中心提供的利益最大化

突破性服务组织利用每个机会倾听客户及员工的意见。过去，通过调查数据、投诉信、来电以及关于信息或协助的请求来获取意见。如今的技术已经提供了一系列其他的方法，例如网站、社交网络、反馈服务和投票装置。比如，在亚马逊，信息渠道简单直接。客户可以通过发送电子邮件与亚马逊直接联系。如果电子邮件的内容具有足够的煽动性，那么处理流程就会从合适的高管开始逐渐升级。正如亚马逊北美零售业高级副总裁Jeff Wilke所说："每个客户的事情都很重要……每一件我们都会进行研究，因为它们会显示有关流程的一些信息。这是客户对我们进行的审核，是宝贵的信息来源。"[13]

员工是发展组织意见中心战略的核心，该战略旨在监测不断变化的客户利益和需求。大多数情况下，这包括客服中心的人员（不要将他们仅仅视为"呼叫中心"），他们因其识别新

---

[12] Heskett, Sasser, and Wheeler, *The Ownership Quotient*, p. 18.

[13] Brad Stone, *The Everything Store: Jeff Bezos and the Age of Amazon* (New York: Little, Brown, 2013), p. 327.

产品和服务的需求以及解决客户问题的卓越能力而受到重视。遗憾的是，太多组织指派工资最低的员工去承担这一职责，或者更糟糕的是，将客户的请求和关注点交由外包公司来处理。结果是失去了对于设计新产品和服务来说无价的信息。让我们来看看我们中的一个人（Heskett）最近经历了什么。

问题涉及康卡斯特（Comcast）提供的有线电视服务的运营工作。Heskett 一开始致电客服时就被询问是否愿意在通话结束后参与调查。作为倾听的倡导者，Heskett 当然会说可以。但之后的通话却糟糕透了。在与康卡斯特的客服进行了 30 分钟的混乱对话之后，Heskett 想要赶紧结束。显然，该客服面临着通话时长的某种限制。有点困惑又有点沮丧的 Heskett 被问到他对于客服刚才的服务的反馈。一开始，自动询问设备上的一个声音首先对 Heskett 配合完成两分钟的调查表示了感谢。第一个问题是："在 1 到 5 的范围内，5 是最好的，您如何评价您最近的服务体验？" Heskett 用 "1" 回答，于是自动询问设备感谢他的合作并挂断了电话。这让 Heskett 不禁疑惑康卡斯特为什么要花费精力去进行这种调查。在这个过程中，公司不仅失去了一个有用的倾听机会，同时也导致客户述说、反复述说（并描绘）他们体验到的糟糕服务。

良好的倾听战略包括确保一线工作人员收听的结果能够传递给负责新产品和服务开发的人员。其中最有效的一个办法是要求那些负责营销研究和产品开发的人定期接听客户的电话。

建立一个善于倾听的公司：财捷公司的案例

财捷是世界上最大的个人财经软件提供商，它完全建立在意见中心的基础上。从一开始，财捷的联合创始人 Scott Cook 和 Tom Proulx 就遵循了软件行业的典型战略：在市场上推出优秀但并不完美的 1.0 版本软件，然后依靠用户识别错误并改进方法。该战略需要建立征集反馈意见的机制，需要雇用并培训能够解释反馈意见的人，需要一个可以将一线工作人员得到的建议传达给那些设计软件升级版本的人的组织机制。

该战略已经成功地对现有软件包逐年进行了更新，例如 Quicken（用于个人财务）和 QuickBooks（用于小型企业管理），几年来持续销售，从而提高了财捷的客户终身价值。该战略的成功取决于那些使用了不完美软件的用户不会“叛逃”到竞争对手那里。重要的是，反过来，升级的软件需要具有用户可接受的质量并包含用户提出的新想法。

财捷通过将公司变成一个重要的意见中心来确保这一战略的成功。从一开始，它就聘请了有能力和兴趣与客户进行互动的人，然后向他们提供产品知识和培训——不仅包括软件的使用，还包括与用户可能遇到的问题相关的法律和法规。最重要的是，这些人都受过良好的培训，并且由于他们良好的倾听技巧而获得丰厚的薪酬。在客户支持中心工作的员工们一直被视为想法、产品开发和营销的源泉，而不仅仅是必要的成本。

另一个由营销研究人员组成的意见中心也可以收集想法。

把用户带到财捷的办公室，将新软件安装在公司计算机上，请用户试用，其营销研究高管一边观看，一边询问用户为何以某种方式做某事。此外，他们还参与“跟我回家项目”，研究人员实际上跟着财捷软件的购买者回家或去他们工作的地方，观察用户从打开产品包装到安装和使用软件的整个过程。

从客服中心和营销研究意见中心获得的想法将被传达给软件工程师，他们的工作是将产品简单化以便客户使用。工程师通常想要研究复杂的软件和应用程序，那些被迫简化事物的工程师是很罕见的。他们还必须愿意接管客服中心的电话，亲自倾听客户的想法。

这就是一个包括客户服务、营销研究和软件工程的简单组织的核心。通过这种组织和倾听方式，公司并不需要在销售上花太多工夫。满意的客户通过口口相传式的推荐提供了销售服务。此外，该公司产品的生产外包给了其他的公司。所有这一切造就了一个估值达到200亿美元的营利性企业，这是少数几家成功击败巨头微软的企业之一，至少在这几年的个人财务软件领域是这样。财捷证明了建立在意见中心基础上的战略可以正常运行而且运行得很好。

决定如何追踪结果

通过追踪员工和客户满意度、忠诚度和主人翁精神等，组织已经开发了许多措施帮助倾听。[14] 组织是否通过使用净推荐值或其他指标来衡量结果并不是很重要。与衡量的是什么相比，我们更关心的是衡量的持续性（采用相同的问题）和经常性。任何衡量指标在长期追踪服务绩效的重要维度方面都有一定的价值。如果指标反映出的倾听能够促成政策和实践的有效改变，那么这些衡量指标可能就具有最大的价值。

培养倾听能力

要发展倾听能力，组织就需要：（1）雇用具有倾听和学习能力的一线工作人员；（2）创建意见中心，让组织有机会了解客户、员工、供应商和其他人的新想法；（3）提供关于如何倾听的培训，激励员工在倾听岗位上有效工作；（4）确定信息搜集的方式；（5）创建激励机制，将信息传达给那些可以针对信息采取某种行动的人；（6）采取其他措施，确保接收端的人员使用信息。这就是喜欢这种战略的财捷和优秀的服务组织始终能够确保在竞争中保持领先的方法——竞争对手要么不去倾听，要么同样糟糕的，听了但没听进去。

---

⑭ 可参阅 Reichheld, *The Ultimate Question*; 以及 Timothy L. Keiningham, Bruce Cook, Tor Wallin Andreassen, and Lerzan Aksoy, "A Longitudinal Examination of Net Promoter and Firm Revenue Growth," *Journal of Marketing*, July, 2007, pp. 39-51。Reichheld 在其著作中称，他发现增长与客户满意度之间没有相关性；Keiningham 和他的同事得出结论：与净推荐值相比，客户满意度是衡量增长的一个更好的指标。

降低客户的感知风险：服务保证

本书前面讨论了用服务保证来吸引客户以控制质量。这些保证还有助于推销新的服务或存在感知风险的服务。

18 世纪的英国企业家 Josiah Wedgwood 承诺，如果客户对他卖的陶器不满意就退款，19 世纪美国的企业家 Richard Sears 提出邮购退款保证。这两种保证都是出于营销目的的服务保证的“远房亲戚”。这两个例子中的保证与 20 世纪早期汽车经销商首次提出的保修相关。保修是经销商保证在汽车保修期内为客户提供良好的服务以吸引其购买第一辆汽车的方式，如果新车经常发生故障那么这种保修就具有实际价值。服务保证在高风险服务中也很管用，它们可以被称为服务领域的“保修”。

在帮助管理者决定是否提供服务保证时，Christopher Hart 提出了几个问题：（1）提议的保证是否足以对客户有意义？（2）对提供这些保证的人是否有意义？例如，提供服务保证是否会带来高昂的成本以至于客户的需求可能使企业破产？（3）担保是否无条件，也就是说，可以仅仅根据客户的说法进行担保吗？（4）客户和服务提供商是否容易理解及获得保证？[15]

服务保证可能是明确的，也可能是隐含的，具体取决于其

---

[15] Christopher W. L. Hart, “The Power of Unconditional Service Guarantees,” *Harvard Business Review*, 66, no. 4 (July-August 1988), pp. 54-62.

目的。如果目的是提供出色的服务补救或质量控制的信息，则可以采用隐含保证。丽思·卡尔顿并未宣传其客房部经理有权花费高达2 000美元解决客人可能提出的问题。即便是最忠实的客人可能也不知道。

但是，如果保证的目的主要是营销，那么明确的保证可能最有效。例如，财捷的Scott Cook和Tom Proulx大胆地决定为他们的第一个产品Quicken向用户提供无条件的服务保证。他们认为必须这样做，以诱使客户尝试一种可信度未知的新产品。

如果客户因任何原因不喜欢Quicken，无论他们是否退回软件都能收到退款。这需要公司对产品有足够的信心，同时也给了公司一个沉重的负担去保证产品质量。结果是，不仅没有产品被退回，而且也没有用户要求退款。相反，满意的用户虽然之前从未使用过Quicken，但他们开始推荐朋友订购该软件。财捷的星级产品在服务保证的基础上推出，尽管这种保证可能会使其联合创始人破产。服务保证也被成功地用于向在竞争对手那里有不好体验的客户推销服务。还有什么比现在就利用竞争对手的劣质服务更好的时机呢？

服务保证与高效的倾听设备相结合，在财捷软件产品的用户中创造了大量客户主人翁。因此，财捷是一家建立在客户主人翁向潜在买家推荐产品基础上的公司，而不是通过大量的广告或销售人员进行推销。从某种意义上说，它对一些传统的营销理念提出了质疑，展示了新的营销方法的力量，这将成为未来的服务组织的特征。

获得倾听的最终好处：新的战略导向

可以毫不夸张地说，客户主人翁精神能够拯救企业。我们已经不止一次地看到这种情况发生。例如，云计算公司 Rackspace Hosting 的领导层根据一位客户的建议将公司从近乎破产的边缘拉了回来。[16] 当公司即将倒闭，以低利润率向大量的客户提供网站设计和管理服务时，其中一位客户建议它聚焦于那些主要依赖网站的公司所面临的日益复杂的问题。因此，该公司开发了一项由“狂热客户”提供的优质服务，这些人提供全天候的服务，由于该服务极为优质，因此可以收取高价。

1999 年，一家陷入困境的初创企业 Communispace 的创始人兼首席执行官 Diane Hessan 身上也发生了同样的事情。[17] Hessan 以软件为基础创立了她的公司，该软件使大型组织的员工能够分享想法、相互交谈，并通过内部在线“社区”（community）制订最佳实践方案，Communispace 公司就是由此而得名的。这是一个有趣的想法，只可惜公司中采用 Communispace 软件的人并不想分享，至少不像 Hessan 所预想的那样进

---

[16] 这个故事更详细的版本可参阅 Heskett, Sasser, and Wheeler, *The Ownership Quotient*, pp. 184-189。

[17] 以下关于 Communispace 的讨论是基于 Michael Winerip, “Experienced Hands, Still Valued,” *New York Times*, March 7, 2010, p. ST2；以及 Diane Hessan 与我们的谈话。

行分享。后来，一位客户使她的公司免于几乎已成定局的破产的命运。

贺曼贺卡（Hallmark Cards）公司的市场研究主管 Tom Brailsford 得出结论，Communispace 的服务也不适用于他的 Gold Crown（贺卡）商店的经理。他建议 Hessan 与其创建员工“社区”，不如利用她的软件创建在线消费者焦点小组，为营销经理面临的问题提供比传统方法更快捷、更便宜的解决方案。Hessan 听取了他的意见，因此，Communispace 为贺曼贺卡公司创建了由 150 名有小孩的女性组成的第一个在线焦点小组。这种模式非常成功，以至于 Hessan 完全重新思考了她的商业模式，创建了“消费者协作机构”。Communispace 如今在全球有超过 500 名员工，已经为 200 个客户创建了 600 多个在线社区，客户保留率超过 90%。

Rackspace 和 Communispace 公司发生的事情特别引人注目是出于以下几个原因：首先，领导者要愿意倾听（对许多身处领导职位的人来说，这并非一个共同特征）。其次，领导者需要暂时放弃原先对各自组织战略方向的信念。这一点很难做到。因为他们已经对组织应该往何处发展进行了很多思考，很容易在这个问题上失去客观性。事实上，许多人最终会忘记一个好的想法。他们可能会因为自己强烈的自尊心和原创者的骄傲而违背常识。相反，如果他们倾听客户的意见，并找到了取悦员工和投资者的方法，那结果必定是多赢。

服务营销的变化

像 Châteauform' 这样的组织在广告上花费很少甚至根本没有花费。它们没有必要这样做是因为客户会帮它们开展营销工作。客户在了解组织时就“拥有”这些属性。他们就像主人翁一样行事。正如本书之前提到的这些主人翁，他们的重复购买和推荐带来的业务占组织业务总量的一半以上。未来将有越来越多的组织依赖类似的战略。根据适者生存的法则，这些组织将成为幸存者。它们是优质的工作场所，为客户提供真正的价值，并为投资者提供高回报，实现多赢。其他组织也将模仿它们的商业模式。

这就带来了一个问题：传统营销在未来服务组织中将扮演什么样的角色？未来将是一个高度忠诚的客户与员工共同创造服务体验的世界，同时客户承担业务发展活动（通常是营销领域）的主要责任。在这种环境下，营销的主要任务是为现有和潜在的主人翁分配工作及预算，同时运用更传统的营销技巧来维持品牌的认可度和可信度。此外，市场营销管理部门必须在运营和人力资源方面与客户主人翁合作，有时甚至扮演辅助角色。这些都表明市场营销的作用与传统上有志于营销管理工作的人所学习的完全不一样。

然而，在深入了解未来的观点之前，我们必须注意到，其他人认为客户忠诚度这个想法，至少从目前的情况来看，在很大程度上已成为过去式。根据这种观点，消费者多年来的购买决策已经由品牌、朋友和家人的推荐以及他们自己的经历来指引了。这使他们能够根据产品或服务相对于替代品的价值进行选择。然而，在未来，他们将能够通过搜索引擎、智能手机应用程序、客户评论、互联网反馈网站以及社交网络来浏览大量信息。因此，与过去相比，他们对品牌和产品将有更多的了解并更愿意进行转换。[18] 引申开来，这种现象将显著降低品牌价值、客户保留率和客户终身价值。

上述说法代表了一种极端的观点。这种观点假设客户不仅要花费宝贵的时间进行购买，而且还要定期使用最新的购物应用程序和其他技术来更新信息。它也低估了在客户忠诚度方面过往经验的重要性。客户忠诚度对服务的重要程度大大超过对产品的。相对于可信赖的熟人的建议，它更重视未知评论者在未知客观性的网站上的建议。虽然网站评论有助于表明人们的行为趋势，但我们并不认为技术对客户忠诚度的影响（以及其他人预测的技术对消费者的影响）将达到该观点预测的程度。但是，它可能会更加激励组织采用我们在本书中讨论过的建立员工和客户忠诚度的理念。

---

⑱ 例如，可参阅 Itamar Simonson and Emanuel Rosen, *Absolute Value: What Really Influences Customers in the Age of (Nearly) Perfect Information* (New York: HarperBusiness, 2014)。

展望未来

客户主人翁精神是一种改变未来营销方法的概念。本章讨论的另外三点（在表 7-1 中加了星号），将继续为这种改变做出贡献，包括：聚焦客户终身价值以推动差异化服务，高度重视创建和维护意见中心，创建有助于降低客户感知风险的服务保证。

表 7-1　未来的服务营销

传统的营销策略重点	未来的营销策略重点
产品	结果+体验质量 服务保证/风险降低*
客户试用和再次购买	客户主人翁
价格	价值
地点	服务接触/服务场景
营销研究	意见中心*
市场细分	客户终身价值*

* 本章讨论的概念。

总之，这些变化表明，未来的服务营销与传统的营销几乎没有相似之处。随着组织更多地依赖客户作为承担共同创造服务和营销服务大部分责任的主人翁，传统的现场销售和广告将只占营销预算的一小部分。传统的现场销售和广告的主要目的是维护组织的品牌认知度及可信度。因此，服务营销工作可能将变得更有趣，以吸引忠诚的客户成为主人翁。该任务将由那些负责集聚和部署对服务至关重要资源的人员——运营管理者和人力资源管理者——共同负责。只有这些功能得到密切协调，该任务才能取得成功。

显然，服务领域正在迅速变化和扩展。正如成功的服务营销需要融合组织边界一样，它也会模糊客户与供应商、合作组织之间，甚至竞争对手之间过去曾明确划定的界线。

优秀的服务业领导者能够理解这一点。但这些变化需要什么样的反应？领导者将在这些变化中发挥什么作用？我们将在最后一章中解决这些问题。

第八章

引领未来服务

杰出服务业领导者应知：

当前对于未来服务的想法是错误的

杰出服务业领导者应行：

建立不断学习、创新、改进的敏捷组织

已经退休的西南航空首席执行官 Herb Kelleher 因将自由随性扎根于西南航空的文化中而闻名。最近他被问到有关未来服务业发展的问题时表示："我一直试图，至少在我清醒的时候，看得更远一些——即使在我不清醒的时候，我也是向前看的！"①

下栏中显示了我们在本书中已经明确表达或暗示的 14 种有关服务业未来发展的观点。在此基础上，我们增加了第 15 个观点，以表达我们接下来要讨论的内容。这一切都是在我们完全清醒的时候形成的！

---

① Jennifer Reingold, "Still Crazy after All These Years," *Fortune*, January 14, 2013, pp. 95-96.

简单概括未来的服务业

1. 发达经济体中，工作岗位已经基本完成了从制造业向服务业的转移。这一过程在欠发达经济体中（包括中国）还在继续推进。

2. 商业和专业服务领域的工作将越来越多地承担制造业就业岗位过去所扮演的角色，为有活力的中产阶级社会奠定基础。

3. 互联网将促进跨境工作的转移。特别容易受到这种现象影响的服务行业将是远程教育和医疗以及在线零售。

4. 制造战略将继续从产品生产转向通过一揽子商品和服务交付结果。

5. 持续应用战略服务愿景框架将模糊制造活动和服务活动之间的界限，直到它们变得无法区分。

6. 寻求服务行业优势的竞争对手将越来越多地采取以下措施：

(1) 专注于对员工和客户所寻求的结果与体验进行更加明确的评估；

(2) 在开发提供竞争优势的运营战略时更注重价值而非成本；

(3) 设计辅助系统，增强人类实现运营突破的能力。

7. 服务利润链框架将成为那些设计运营战略以支持战略服务愿景的人的生活方式。这能产生如下效果：

(1) 影响管理者的平衡计分卡的编制方法；

(2) 用于证明在面对网络技术时建立员工和客户忠诚度的重要性。

8. 在采取高保留运营战略的组织中，较大比例的服务人员将获得高薪；相反，在采用低保留运营战略的组织中，许多工作将被新技术取代。

9. 技术将取代最无聊、最低附加值的服务工作。这能产生如下效果：

(1) 有助于持续提高服务生产力；

(2) 服务业就业适度增长；

(3) 普遍提高服务人员的工作满意度。

10. 技术将推进一些服务战略，例如预期服务和远程服务等的执行。

11. 交付服务结果所需的资源将越来越多地在“非正式服务经济”中被共享和众包，在这种经济中服务旨在：

(1) 利用之前未使用和浪费了的能力；

(2) 雇用越来越多的独立承包商而非传统员工；

(3) 充分利用互联网的功能。

这种趋势将持续到其背后的服务业三连胜不再能够同时为承包商、客户和投资者带来利益。

12. 增加互联网的使用有助于推动客户和服务人员共同创造服务。这种趋势将受到客户认为自己在节约成本和时间以及产生独特结果方面得到的回报程度的限制。

13. 服务营销战略越来越依赖于：

(1) 意见中心，不仅用于处理客户投诉和建议，还用于设计新服务；

(2) 发挥主人翁作用的核心客户，帮助推销组织的服务而非采用较传统的营销方式。

14. 采用“双管齐下”的思维以及多赢分析来评估新服务设计的组织将成为各自行业的佼佼者。

15. 在竞争环境中总是存在不确定性因素，竞争优势也是转瞬即逝，在这种环境中幸存下来的将是那些能够创造和保持学习的逻辑、心态与机制的人，从而能够不断产生新的而非持久不变的竞争优势。

如果有一件事情是我们能确定的，那就是上栏中的一些观察是错误的，但是我们并不知道哪些是错误的。为了使事情变得更有趣，我们确保参与到其中的领导者也不知道答案。同样重要的是，他们无法确定这些变化如何影响工作或组织。

最具洞察力的服务业领导者会问自己和周围的人这些问题：当一个组织只能在瞬息万变的竞争格局中实现短暂优势时，对各级领导者来说会发生什么变化？在由客户帮助共同创造服务和推销服务所主导的竞争世界中，组织将如何应对那些在互联网驱动的移动技术中“获得自由”的潜在用户群？当服务的组织和运营主要采用众包资源时会发生什么？领导能在全球范围内提供无缝服务的组织需要什么？

就在几年前，我们还不会想到问我们自己上面提到的绝大多数的问题，那时领导者被鼓励寻求可持续的竞争优势，被期待提供所有问题的答案，被培训去领导寻求终身工作的员工队伍而不是独立承包商，进行市场调研以确定客户是否喜欢他们设计的产品和服务，并总体上领导着在各个国家有封地般分支机构的国际组织。没有人真正知道未来会怎样，这仍是不确定的。但是，在前七章中讨论了优秀的服务业领导者应该具备的知识和采取的行动后，我们更加确定要如何去做——向领导者提供有助于其应对不确定性的理念以及使其具有在下一次服务业转变时脱颖而出的品质。

为什么要把注意力集中在服务业领导者的身上？这并不仅仅是因为服务业在当今发达经济体中占据主导地位。我们认为，由于服务的创建和提供方式，许多服务对领导者来说代表着煤矿坑里的金丝雀，起到安全预警的作用。以下三个故事说明了这一点。

改变游戏规则

16 年前，我们中的一位（Schlesinger）在哈佛商学院教授

MBA 课程，该课程基于一家销售额约为 1 亿美元的新公司的案例。它的名字并不寻常，但也并不像其他许多就是为了筹集大笔资金而建立的科技型初创企业那样引人注目。问题在于，公司的在线网站提供直接分销服务所带来的市场潜力是否能够维持公司的发展；如果不能，公司就应该拓展当前的业务以增加收入。

学生们对这些问题进行了热烈的讨论，权衡了许多扩大生产线的方法，虽然大多数都被否决了，却得出了这样的结论：即使竞争激烈，且适合于这种商业模式的产品种类有限，该公司还是具有合理的生存机会的。

课程结束时，该课程的嘉宾——案例中那家公司的首席执行官，首先赞扬班级成员进行了深度分析，接着也指出他们对他的商业模式缺乏信心并缺少对未来的远见。然后他透露了自己对公司的愿景，即“向所有地方的所有人出售所有东西”。

我们中的另一个人（Sasser）16 年后一听到这个故事，就想到他的家人在该公司定期购买 50 磅狗粮的事情。该公司的总部在西雅图，但每次也会把狗粮送到他位于缅因州偏远地区的避暑别墅里，而且价格与 15 英里外的杂货店相比也具有竞争力。当然，这门课程的嘉宾就是亚马逊的创始人兼首席执行官 Jeff Bezos，现在的亚马逊是一家年销售额超过 750 亿美元的大公司。该公司直接面向全球客户出售各种各样的产品，包括许多 MBA 课程上遭到否决的产品。

Bezos 看到了别人没有看到的东西。在那些与 Bezos 看到相同发展前景的人中，很少有人能够将其变为现实，很少有人像 Bezos 做得那么好，也很少有公司像亚马逊发展得那么好。一家名为 Webvan 的公司在不到两年的时间里花费了投资者 3.75 亿美元，试图直接分销杂货。Kozmo.com 37 个月内花费了 2.5 亿美元，在美国 11 个城市的特定区域提供“碟片、游戏、DVD（数字通用光盘）、食品、星巴克咖啡”等商品的免费送货服务，且对订单没有最低金额限制，最多一小时内交付产品，但其实卖出 10 美元只能挣到 5 美元。

这三家公司采用的都是快速发展模式，通过有吸引力的产品开发市场，并得到客户对于承诺能够兑现的信任。其中有一家公司寻求客户的帮助以提高其网站上的信息质量（通过产品评论），为客户提供令人激动的购买产品的手段（一个开创性的“1-Click”网站功能），从而跨越了商业的障碍。

但是向所有地方的所有人出售所有东西并不容易。亚马逊的投资者仍然抱怨说，该公司的领导层将过多的利润从投入核心业务转到销售越来越多种类的产品上，从而压低了利润。然而，在抱怨的同时，他们也购买该公司的股票。因为他们认为 Bezos 对持续大规模创新的远见确保了高层管理人员对实施新想法的支持，不管其想法是成功的还是失败的。因此，尽管利润微薄，亚马逊的股票仍然继续升值。

Jeff Bezos 并不能回答所有问题，也无法总能清楚地预见未来（毕竟，亚马逊 6 000 万美元的资金流入了注定失败的 kozmo.com）。这并不能阻止他尝试那些能够让他的公司在未来的服务业中站稳脚跟的事情，然后他又根据此次的经验所产生的信息进行快速而大量的投资。正是 Bezos 的这种精神促进了快速创新。Bezos 目前的目标之一是在特定市场中实现 30 分钟内的交付。无论亚马逊是像 Bezos 所建议的那样使用无人机，还是采用其他一些方法，我们都不应该小看 Bezos 以及他不断实验、快速学习和迅速创新的理念。

亚马逊改变了整个行业的竞争和市场潜力，也改变了客户预期和他们对各种服务的看法。在此过程中，它也引发我们进一步思考领导服务业变革需要什么。

亚马逊的领导任务主要集中于创造和维持节俭及低成本的内部文化，并强调客户服务、低价格和服务价值。其运营战略基于与客户建立信任，同时让他们参与到提升服务、管理与服务合作伙伴的重要关系之中，并在投资者中创造切合实际的预期。

其业务模式以客户为中心。亚马逊的 14 项领导原则之一就是建议每个人“敢于谏言，服从大局”，其业务模式也受到以该原则为中心的总部文化的影响。它创造了一个“极具对抗性”“要求极为严苛”的工作环境，在其中的人要“不断学习，使创新发展达到令人吃惊的速度”。[②] 然而，这个模式并非对

② 引用材料来源于 Brad Stone，“The Secrets of Bezos：How Amazon Became the Everything Store，” *Bloomberg Businessweek*，October 10，2013，http：//www.bloomberg.com/bw/articles/2013-10-10/jeff-bezos-and-the-age-of-amazon-excerpt from-the-everything-store-by-brad-stone；也可参阅 Stone，*The Everything Store*。

每个人都很理想。亚马逊业务的性质，以及其对拣选和出货的严格时间限制，有时需要长时间工作，以至于一些一线员工认为要求太高。这导致欧洲企图将亚马逊的配送中心工会化。

不管投资者可以从中获得多大的收益，他们都不处于该业务模式的最前端。像图书出版商这样的供应商经常感受到以客户为中心的任务所带来的压力。在以客户为中心的任务中，正如沃尔玛的领导者多年来所说的那样，亚马逊作为客户的代理人进行协商。

虽然亚马逊已经改变了分配产品的规则，但它的投资者和一些员工可能是首先声称其没有实现服务业三连胜的群体。亚马逊仍须努力才能实现多赢。

在全球范围内提供创新成果

Jeff Bezos 对 30 分钟按需交付的想法很可能受到一家公司的影响，该公司与亚马逊完全不同，它是墨西哥的一家水泥和混凝土公司——西麦斯。

已故的 Lorenzo Zambrano 在 1968 年获得斯坦福大学（Stanford University）的 MBA 学位后回到墨西哥的蒙特雷市，进入他的家族企业，即一家名为西麦斯的水泥制造企业工作。基于他学到的新知识，他刚开始的一个请求就是要一台电脑。他的父亲是该公司的首席执行官，在问了他为什么需要一台电脑后拒绝了他的请求。“你为什么需要一台电脑呢？”“你要用电脑做什么呢?”这让 Zambrano 下定决心，如果他掌权，就要让公司的信息系统实现现代化。在 1985 年获得领导权之后，他做到了这一点。

没过多久，西麦斯就为其全球的总经理都配备了电脑。但 Zambrano 并没有止步于此。他的公司是世界上第一个确保为总经理家里配备电脑的公司之一，也是全球最早一家以互联网为标准方式进行全球化沟通的公司之一，通过互联网来传播对公司学习和发展至关重要的新思想。这是所谓的“西麦斯之路”的一部分，它是公司核心价值观和文化的基本要素，而这种价值观和文化强调“只有一个公司的组织”（one-company organization）的管理者需要由信息技术、共同的背景和教育相互联系起来。它使得管理者们能够在最短的时间内交流想法，共同创新，并在世界上的任何地方进行管理。

但为什么要举一个水泥公司的例子呢？答案是，西麦斯并不生产水泥，至少其领导层并不认为其生产水泥。Lorenzo Zambrano 并不认为西麦斯出售水泥或混凝土。他根据其销售的产品所取得的成果来考虑：由西麦斯材料建成的道路、机场跑道和医院。不仅如此，在他看来，西麦斯从过去到现在一直提供的是诸如有效运输（在用高度耐用、易于维护的混凝土铺成的道路上）和健康（在由抗菌材料建成的医院中）之类的东西。

整个西麦斯公司包括其管理层都被鼓励要听取新想法。一种新的混凝土有助于医院建筑的抗菌？西麦斯将去研究它。具有不同重量、密度和强度的混凝土？西麦斯已经开发出来了。保证在20分钟内穿过墨西哥城或瓜达拉哈拉拥挤的街道向承包商（通常因获得不可靠的服务而有所困扰）提供预拌混凝土？西麦斯找到了一种方法，并开发出能够提供超前的服务且确保可以一次又一次完成的系统。墨西哥穷人有住房危机？西麦斯将帮助组织贫困公民群体，在公司提供的建筑顾问的技术支持下，制订集体建房计划。它将采取措施使墨西哥境外的工人能够以低成本将资金转移到他们在墨西哥的家中，确保这些钱用于家居装修。这听起来像是一家水泥公司吗？

来自五十多个国家的管理者将他们和客户的想法提供给由公司创新委员会管理的“创意银行”。他们相信自己的这些想法将得到认真考虑的一个原因是，他们所有人都曾聚集在世界某个地方的同一个房间里参加关于建立西麦斯学习网络的研讨会。由此，他们知道自己的努力将得到一个高度重视学习的高层管理团队的认可。他们不仅相信同事，也相信这个过程。在世界各地的会议（其中很多涉及高管培训）中见面主要就是为了建立起学习型组织蓬勃发展所需的信任。

水泥生产可能是一个乏味的行业，几乎没有学习机会，也没有什么变化。幸运的是，该公司的管理层并没有将公司视为水泥制造商。西麦斯在解决问题和交付成果方面做得非常成功，它不断改变工作内容和工作方式。这种组织就被称为学习型组织。

像西麦斯这样的公司并不是随机产生的。它们是在那些提高透明度、促进沟通和信任的领导者的影响及推动下发展而来的。这就是旨在应对未来服务发展的方案，因为未来的服务将会由信息和通信技术的变化、全球化、竞争、服务工作的本质以及客户在设计和交付服务中的作用所主导。

面对大萧条期间需求的下降，西麦斯遇到了真正的困难。毕竟，它是一家从事周期性行业的公司，受到变革以及财产征收（在委内瑞拉）的影响较大。但它已经找到了一种成功的方法，那就是专注于在其运营的50个国家中交付结果而不是产品或服务。

西麦斯是制造业企业还是服务业企业？我们认为都不是。它致力于交付由结果和体验形成的价值，反对传统术语的定义。越来越多的企业拥有与其相似的运营焦点。这也说明了企业的生存和发展需要什么，特别是需要什么样的领导者。

西麦斯提供了一个有趣的例子，即由“西麦斯之路”推动的“只有一个公司的组织”的组织文化，这意味着未来可以在全球范围内开发和提供服务。这一首创举措是更大范围的创新努力的一部分，将提高服务的竞争力。对于那些有耐心和毅力，并且能够接受建立学习型组织所必须面对的挑战的领导者来说，这应该是值得庆祝的事情，同时也能够引起其竞争对手的担忧。

西麦斯的例子也提醒我们，制造和服务之间的界限越来越模糊。西麦斯是制造商吗？它是一家服务组织吗？这种混乱可能会在越来越多的组织中出现，致使我们目前对组织和活动的分类方式失去价值。

测试学习型组织的边界

奥姆尼康（Omnicom）可能是你从未听说过的公司中最大的一个，该公司为客户提供营销服务，有许多产品在全球销售。奥姆尼康并不是家喻户晓的名字，但它是一家拥有超过300个盈利中心的公司，其中许多都是客户们耳熟能详的，如天联广告（BBDO）公司和凯旋（Ketchum）公关公司，这些公司提供的服务从传统广告代理到数字和社交网络营销战略建议（在这方面，它与西麦斯“只有一个公司”的理念完全不同）。到目前为止，该公司主要是提供专家建议——“说”得很多。

仅仅因为奥姆尼康的全球客户将该公司视为无缝全球营销的创意来源并不意味着这些客户能够被最大限度地组织起来将这些创意付诸实践。无论他们是否意识到，他们都需要组织设计和营销服务方面的帮助。一些客户认为奥姆尼康是他们自己的营销组织变革的执行者，也是营销理念的来源，只要奥姆尼康的运营部门已经准备好迎接挑战。毕竟，这个公司擅长于通过各个独立机构提供传统服务。现在它正渐入佳境，与其大客户形成协调融合的关系，共同合作进行全球营销。在某些情况下，公司与客户分享最有才华的员工。他们的任务同时涉及教学和实践，因此就需要更多的倾听和学习、更少的讲述，而讲述正是奥姆尼康的专家们长期以来一直擅长的事情。

从某种意义上说，奥姆尼康许多下属子公司的领导者同时进行教学和学习。为了帮助客户发展学习型组织，母公司的领导层也必须达成同样的目标。为了做到这一点，母公司及其大型子公司赞助了大范围的内部教育和管理发展计划。它们的主要目标是将管理人员聚集在一起，形成共同的体验，包括传播一系列核心信念，例如服务利润链关系以及倾听（和学习）与告知行为相比的重要性。和西麦斯一样，内部培训计划提供网上互动交流的机会，当经理人要代表其全球客户协调工作时，这种交流就会发挥作用。

除了加强内部学习和强调倾听，奥姆尼康还采取措施实施解决方案。经理人因此获得了就业机会，由奥姆尼康雇用并支付工资，他们代表着某个大客户的利益。他们与客户（而不是他们的雇主）共享办公空间，在与奥姆尼康公司的关系（包括谈判）中代表客户，甚至有权推荐奥姆尼康的竞争对手提供的服务。从几乎每个方面来看他们都是客户方的成员。在这种情况下，边界应该如何划分？或者划分这样的边界重要吗？这其实表明，未来的服务将越来越多地要求修正旧的组织概念以适应新的现实情况。

总公司董事长兼首席执行官 John Wren 十分低调，他并没有 Jeff Bezos 或 Lorenzo Zambrano 那么出名。在许多方面，他非常适合领导那些组织边界在子公司之间融合并与客户重叠的公司。他把大部分时间都花在三件事上：（1）收购那些展现业务新方向的人才所在的公司；(2) 确保为分权决策和组织学习提供足够的支持；(3) 合理分配资源使得股东回报最大化。此外，他还花了一些时间处理奥姆尼康子公司领导者提出的解决争议的请求。他给出的回应通常是："你们自己解决，只要让我们知道可以从你们的解决方式中学到什么就行了。"

亚马逊、西麦斯和奥姆尼康是一小部分组织的代表，由于其领导者的努力和远见，这些组织代表了我们所预测的未来服务业发展的几个方面。它们有一些共同点：(1) 在自己的行业中开辟了新天地；(2) 把为客户提供结果作为业务的基础；(3) 在它们自己难以满足并且竞争对手更难以满足的客户心目中创造了很高的预期；(4) 刚好领先于它们的服务对象一步或两步；(5) 通过正规教育以及其他一些途径来支持学习；(6) 投入到跨边界战略中，无论是跨行业（亚马逊）、跨越制造和服务活动（西麦斯），还是跨越组织和国家边界（奥姆尼康）。它们共同帮助我们了解了哪些类型的组织需要卓越的服务业领导者。

未来服务业中有抱负的领导者在当前面临的问题

当前的趋势——对服务业的影响将会越来越凸显——表明了竞争环境变化的特点以及为了成功实施那些至少能够产生暂时优势的战略所需的回应的特点。我们之所以称之为当前的趋势，是因为它们将会变化。尽管如此，随着人们不断地塑造和重塑战略，这些战略逻辑的要素表明一些最重要的问题必须要提出来。领导者的作用是确保着重地反复询问这些问题。第一个问题涉及服务的创造、营销和应用方式。

在服务的创造、营销和应用方面是否存在以客户为中心的协作？

服务设计受到越来越先进的信息和通信技术（包括社交网络和交互式软件）发展的影响。从银行到医药的服务越来越多地通过移动设备来提供。可以放入我们口袋的设备“囊括”了从娱乐到金钱的一切。但新技术并不是重点。技术对于未来服务的真正重要性主要体现在它将鼓励客户越来越多地参与到服务的设计、共同创造、营销和智能应用中来。这样做的过程将有助于创建心理上将自己视为主人翁的核心客户群体，他们不会等别人来要求自己为新服务业务提供建议和帮助推荐潜在的新客户。确保能够培育这些客户及他们的想法，是优秀服务业领导者的首要责任。

资源在多大程度上是众包的？

正如组织将依赖客户进行服务的设计、销售、交付和消费一样，它们也会越来越多地依赖于将人才和其他资源众包给承包商，让它们创造服务。与此同时，众包组织将扩大其边界，囊括越来越多的人。它们将减少其队伍中传统意义上的员工的数量。它们的许多工作资产都属于其他人，因而定义组织边界将更加困难。

Instacart 是一家体现了我们所设想的下一代众包发展方式的初创公司。本书编写的时候，这家公司由在旧金山的一间办公室里工作的 10 个人组成，主要提供杂货和其他产品的配送服务，这些产品由数百名签约购物者从各种商店里买来，他们都是“自由工作者国度”的成员[③]，以提成和小费的形式获得回报。这些签约购物者受 Instacart 软件的引导，驾驶自己的汽车从指定商店的通道一直驶到客户的门口，为他们配送产品。该服务提供了广泛的产品线，几乎没有自有基础设施的固定费用，所需要的只不过是维持和增强其软件功能的少量工程师，从某种意义上说，这些服务是对 Webvan、Kozmo. com 和亚马逊的回应。我们不知道 Instacart 是否会成功。它面临着维持与零售商的合作以及签约购物者工作质量的挑战。但如果它失败了，它就会失去外部投资者投入的数亿美元。它会失败吗？考虑到真正的众包服务所需的投资很少，在对相同模式进行改进后，其他竞争者还会加入进来。这要求世界各地的 Instacart 尽可能地并购潜在的竞争对手，这也有助于解释为什么该公司正在筹集更多的资金。[④]

---

③ 可参阅 Daniel H. Pink, *Free Agent Nation*: *The Future of Working for Yourself* (New York: Warner Business Books, 2001)。

④ 可参阅 Brad Stone, “Crowdsourcing Your Grocery Bags,” *Bloomberg Businessweek*, July 15, 2013, pp. 32-33; 以及 Ryan Lawler, “Instacart Could Raise a Big New Round of Funding Valuing It At $400 Million,” techcrunch. com, posted April 17, 2014。

资源是否共享?

发达国家的个人越来越多地将闲置资产（例如他们的汽车和备用房间）投入使用。优步只是一个以网站为中心，提供调度服务，旨在使那些想要乘车的人可以找到司机和车的公司，而出租车运营商觉得他们也能做到。在我们撰写本书时，优步的估值已超过 410 亿美元。⑤

再比如以下这个例子，两位企业家在旧金山的一套公寓里放置了三张气垫床，称之为“Airbed and Breakfast”（气垫床和午餐），然后在该市的酒店都被预订满的一次会议期间把这个公寓租了出去，一家企业由此就建立了起来。它迅速发展为一个网站，使世界上的任何人都可以向其他人提供空房间。Airbnb（爱彼迎）品牌下的许多住宿地点比气垫床更加不寻常，例如后院树屋。通过房间主人和潜在租户在脸书或其他网络平台上的相互检查，参考先前用户对于某一特定空间的评论，以及购买保险以防自己的东西被损坏或偷盗，来解决伴随共享房间而产生的房东和租客之间的不信任。这些对享受这些服务的客户来说显然已经足够了。据创始人所说，目前有数万个城镇和 190 多个国家的房间主人在网上提供房源。在我们撰写本书时，爱彼迎每晚的高峰使用量超过 20 万个房间，相当

---

⑤ 参见 Douglas MacMillan, Sam Schechner, and Lisa Fleisher, “Uber Snags $ 41 billion Valuation,” *Wall Street Journal*, December 4, 2014, http://www.wsj.com/articles/ubers-new-funding-values-it-at-over-41-billion-1417715938。

于万豪酒店或希尔顿酒店等全球连锁酒店投入运营的房间数量。现在，爱彼迎的战略是创建“一个全面的酒店品牌，在客户旅行时提供无缝衔接的体验”[⑥]。所有这一切都发生在一个只拥有少量有形资产的公司中。然而，在我们撰写本书时，它的知识产权价值已超过30亿美元。

这只是共享的起步。人们不仅有空余的房间，还有闲置的汽车。因此，他们开始向其他人出租汽车，否则这些汽车就将闲置着。车库里有额外的电动工具吗？租出去。这些服务如果应用互联网就可以轻松地实现。虽然出租车公司等传统服务提供商会竭力阻止某些基于共享的业务的发展，但它们最终必须向互联网的力量以及它所促成的企业家精神妥协。

共享被认为是一种生活在大都市区的千禧一代所集中表现出来的现象，不仅节约资源，为年轻人带来其所急需的现金收入，也很环保。这促使许多分析师将共享描述为代际活动。但人们正在证明，他们会把从信仰到音乐偏好的所有事情带入生活之中。这些人是有关未来服务业发展的最佳信息来源之一。正如Jeff Bezos以自己的方式向爱彼迎的首席执行官Brian Chesky建议的那样，“只要你不搞砸，这家公司就会大获成功”[⑦]。对于任何以资源共享为中心的企业来说都是如此。

---

⑥ 可参阅Austin Carr, “Inside Airbnb's Grand Hotel Plan,” *Fast Company*, April 2014, http://www.fastcompany.com/3027107/punk-meet-rock-airbnb-brian-cheskychip-conley。

⑦ 同上。

服务可以从评级机制中受益吗?

我们已经提到了几个组织，亚马逊可能是依赖互联网评级机制的组织中最大的一个。客户评级已成为在线购物社区的主要内容。它提供了一定程度的合法性，但也会受到如何操纵评级这类问题的影响。如果没有这种评级机制，服务质量就是未知的。

正如本书前面提到的，双向评级机制，例如现在由多个共享服务的运营商使用的那些机制，在匹配服务提供商和用户方面可能是有价值的。从某种意义上说，这种机制使得有关服务的信息更加对称和透明，同时也使得服务提供商有更强的能力去寻找最有价值的客户并仅向他们提供服务。

服务超前可以达到什么程度?

服务反应的速度和可靠性将继续提升。我们更感兴趣的是超前服务的增长。超前服务是指在客户意识到其需要之前就得到的服务。这种服务在融合新技术和优化的保障设施的基础上将继续发展。

一小部分组织能够在客户意识到他们的需求之前就为其提供服务。正如本书之前提到的，通用电气的医疗代表有时会去医院使用该公司出售的造影扫描仪，可以在医院管理人员意识到问题出现之前把它“解决掉”。这是已经存在一段时间的预防性维护的极端形式。它将在未来发展到新的极端，通过新的信息技术和能够阅读并解释它们所发送信息的人来实现。

超前服务最大的新驱动力可能是大数据，其中包括从各种来源收集、存储及追踪的有关个人和组织的数据。关于大数据的新内容不是数据本身，而是正在开发的技术，从而将不同来源的数据关联起来并组织成可运用的信息。Steven Spielberg 执导的电影《少数派报告》（*Minority Report*）描绘了一个大数据和超前服务的世界，其中的华盛顿特区由于庞大的数据系统六年内没有发生过谋杀案。该系统拥有许多信息来源，使得“预防犯罪小组”在人们犯下系统预测的罪行之前就将他们逮捕。在现实世界中，我们越来越熟练地（但并不总是很舒服地）用大数据来预测各种行为。纽约市警察局开发并采用 CompStat 警务模式——CompStat 是一个计算机程序，可以确定哪些区域最容易受到犯罪影响，从而有效地分配资源。医疗数据被用于预测人们(包括女演员 Angelina Jolie 在内）得癌症的可能性。在商业上，大数据被用于推动有关购买和销售的预测。例如，offrs. com 是一个供房地产经纪人使用的网站，它能在房主将房屋投放市场之前就预测到其是否愿意出售房屋，甚至在房主还不知道自己的出售意愿之前就能够预测到。据统计，offrs. com 用 20 个不同来源的数据描述房贷和抵押资产净值情况、房产的历史以及所有者的背景。[8]

---

⑧ Michael Pollock, “Figuring Out Who Is Set to Sell Their Home,” *Sarasota Herald-Tribune*, April 6, 2015, pp. 1A and 13A.

在某些情况下，超前服务需要那些能够在很短的决策时间内分析数据并依此采取行动的一线服务人员。恺撒娱乐的服务人员根据744号老虎机前的女性在“全面回报”计划会员资格中的信息来判断该为她提供何种服务，这就是超前服务的特点。恺撒娱乐的前首席执行官 Gary Loveman 称之为“主动的企业”。他解释说：“改变是这样的：当你进入拉斯维加斯或大西洋城时，我们会在你游玩期间通过数字设备与你实时交流，根据我们的服务能力以及你表现出来的偏好邀请你与我们合作。”⑨

当 Jeff Bezos 宣布亚马逊将对某些种类的商品提供当天（最终可能是30分钟）交付服务时，该公司必须通过预测客户的需求来确定一定数量的库存。一旦客户进行了购买，一些软件就可以根据客户的购买记录预测出他们可能会喜欢的其他商品，在此基础上发现客户的购买模式，仔细分析后确定调用哪种库存。

超前服务需要随着时间的推移研究数据模式以预测消费者行为。航空公司多年来都有很好的机会，但它们很多时候并没有抓住这样的机会。追踪旅行者行为的信息可以使航空公司预测乘客是否会选择其他公司（以及乘客可能选择其他哪些航班和航空公司）。只需要将几乎所有航空公司拥有的若干数据

⑨ Gary Loveman，引用自 Heskett, Sasser Jr., and Wheeler, *The Ownership Quotient*, pp. 109-110。

合并起来，包括有关乘客名单的数据文件、晚点的飞机、丢失行李的记录、乘客投诉之类的数据。最近，一些航空公司已开始采取及时的、个性化的行动，挽留那些经历过行李丢失、由航空公司运营问题导致连续几次出发延误、最近几次均乘坐其他航空公司的航班或由于其他一些因素有选择其他航空公司想法的乘客。

超前服务还需要更紧密的跨组织合作。无论是否通过无人机进行常规交付，亚马逊都无法在没有与供应商和包裹配送合作伙伴密切协调的情况下提供当天交付服务。请记住，无人机交付只是一项技术，如果可能的话，这将成为所有亚马逊的包裹配送合作伙伴和竞争对手可用的技术。但是提供无人机交付服务的数据库却是其他人无法获得的。

如何以及在何种程度上保护数据?

数据系统被各种人——从业余黑客到犯罪分子——破坏的情况变得越来越普遍。这些违规行为在服务行业尤其令人担忧，因为服务业拥有大量的个人信息。服务业企业拥有身份盗用者（这是一个既有利可图又非法的行业）所需的信息。对于黑客和犯罪分子来说，个人的金融、医疗和教育信息的价值远高于上个月从某家工厂发货的汽车数量的信息。

这个问题已经变得如此普遍，以至于这种信息的交易已经形成了市场，我们甚至能够预测到下一次大数据的泄露。最近我们从市场上得知医疗记录的价值是信用卡号码和相关信息的

25 倍。

即使服务主管对数据的安全性知之甚少，他们也必须能够向他们的客户、员工和自己保证，他们已经做出了所有可能的努力，以完成几乎不可能完成的任务——保护那些本质上可共享的东西。

这项服务是否可以应对日益激烈的全球竞争？

随着通信和社交网络技术的频繁使用，服务全球化以及各地点之间服务工作的可交换性日益提高。这将促使在以前不存在全球竞争的专业服务和教育等领域中出现此类竞争，这会诱发那些旨在提高生产率和培养具有竞争力的成本结构的战略设计。

随着越来越多服务业的工作变得可以交易，这些工作在服务提供者和客户之间的距离很远的情况下也能进行，于是它们的国际竞争将越来越多。诺贝尔奖获得者 Michael Spence 是这种思想的明确支持者。[10] 例如，印度的阿波罗医院专注于采用最先进的技术提供远程医疗诊断，并在某些情况下提供远程治疗。该医院是这方面的先驱，未来医务工作的可交易性会更强。这只是一个开始。任何拥有大量信息内容的服务，如医疗、教育和复杂产品的维护，都可以远程提供，因为全球范围

[10] Michael Spence, *The Next Convergence: The Future of Economic Growth in a Multi-speed World* (New York: Farrar, Straus and Giroux, 2011).

内都可以获得最专业的知识和能力。

可交易性的增强将对过去受地理障碍保护的平庸服务提供商施加压力，它们要么改善服务，要么就要做好被全球专家取代的准备。

我们目前的趋势路线图对服务业影响最大，这一点也不足为奇。服务业领导者更关注的是趋势发展的速度。更糟糕的是，如果过去是一种标示的话，那么指向未来方向的最重要的路标甚至不在目前的路线图上。它可能是一项重要的技术突破、极端的气候变化所引发的全新服务业务，或者刚刚诞生的一代人所拥有的不同的社会特征和偏好。但也有可能它根本不在我们所列的范围内。未来的服务赢家与其他人的不同之处在于，他们正在为一件确定的事情做准备——我们的预测是错误的。无论发生什么，他们都会做好准备。

领导者的首要任务：培养学习型组织

关于服务的未来，我们最确定的一点是：如果组织要在当前的竞争环境中长期生存，它们就必须以越来越快的速度学习和适应。在这样的世界中，创建和维持学习型组织的能力将成为领导力最重要的特征。多年来一直研究组织内部学习的Peter Senge在宣称下面的观点时就已经吹响了改革的号角："我相信现行的管理体系的核心是致力于平庸。这迫使人们更加努力地工作以弥补因缺乏合作而未能激发出的精神和集体智慧”[11]。因此，学习型组织不仅是一种学习和个人发展的机制，也能够让人们以客户心目中更高的效率来完成越来越多有意义的工作，从而获得更大的个人满足感。同时，它也是一种处理未来的服务不确定性的机制。

由于许多服务行业中一线员工与客户之间存在重要联系，所以存在着一些创建学习型组织的特别机会。例如，亚马逊可能拥有服务活动历史上最好的“监听”设备之一——亚马逊第三方卖家市场 Amazon Marketplace 的服务。Amazon Marketplace 显示和提供超过 200 万种第三方合作伙伴推出的商品，同时收取每次销售的佣金。这使得亚马逊能够追踪其合作伙伴的销售情况，识别各种商品的受欢迎程度，并决定何时在网站上放上自己某些类别的商品，并与合作伙伴展开竞争。Amazon Marketplace 已成为其卖家之间冲突和争议的来源。然而，许多人没办法在 Amazon Marketplace 上撤下他们的商品，因为这意味着放弃 Amazon Marketplace 的营销力量。但请注意一件事：如果亚马逊不打算吸取教训并迅速采取行动以充分利用其提供的信息，那么 Amazon Marketplace 的价值就会低得多。像从 Amazon Marketplace 获得价值这种情况只能发生在一个拥有以下文化的组织中：具有共同的价值观、相互信任、不自视甚高、能够对新的价值传递方法做出快速反应。优秀的服务业领导者

---

[11] Peter M. Senge, *The Fifth Discipline: The Art and Practice of the Learning Organization*, rev. ed. (New York: Random House, 2006), p. xviii.

担负着确保创造和保存这种文化的主要责任。

虽然总体文化很重要，但它并不代表一切，而且也不会自然而然地发生。培养学习型组织需要其他各种价值观、信念和行为。

创立其他有利于学习的价值观、信念和行为

有几种信念和行为将越来越成为未来学习型组织领导者的特征。根据我们多年来的实地考察和经验，由于我们坚信一个组织不存在完美的共享价值观和行为，所以重要的是这些价值观必须伴随着相应的行为、衡量指标和不符合价值观时应采取的行动。考虑到这些，我们认为促进组织学习和长期成功的价值观及行为包括：以客户为中心、可靠性、慷慨、透明度、好奇心和多样性。虽然这些价值观中的一些偶尔可以在组织的价值观陈述中找到，但它们并没有得到足够的重视。

以客户为中心被放在第一个是因为它是新想法最重要的来源。这里的客户并不是指传统意义上的客户。我们用它来表示外部客户和内部员工。西南航空使用的术语是“人们”，同时包括客户和员工。他们一直是该公司学习、变革和持续成功的主要来源。

可靠性是成功不可或缺的因素。它促进了信任，这对更快、更好的决策和行动至关重要。无论好坏，这都意味着“做你承诺会去做的事情”。USAA 的成功就建立在可靠和信任的基础之上。

慷慨对于资产的有效部署（以及人力资本的发展）至关重要。它推动了“无边界”行为，不仅为全球流动和成功奠定了基础，也为组织中个体成员的学习和发展提供了机会。这意味着为了组织整体的利益而放弃个人最佳的才能和资源。这些就是我们在西麦斯案例中所讲述的内容。

透明度促进信任和学习。在许多情况下，它可能涉及决策者“需要知道”的内容。这是印度 HCL 科技公司的核心信念和实践，创始人兼前首席执行官 Vineet Nayar 向该公司的每个人开放了他的 360 度反馈（绩效）报告，并鼓励他的同事也这样做，同时他还做出了其他的努力，促进有用的信息在整个公司内部传播。[12]

好奇心促成不断的质疑和倾听。它源于一种感觉，即我们不知道并且可能永远不知道答案，但有些答案会比其他答案更好。[13] 它解释了为什么在财捷时 Scott Cook 总是提出问题，而不是只寻求答案。领导者要有自信承认自己并非知道所有问题的答案，这份坦诚对学习型组织非常有益。

背景、培训、技能和兴趣的**多样性**对创新过程至关重要。[14] 它使团队成员能够相互学习。谷歌根据一个人的激情和创造力来做出招聘决定，从而形成人才的多元化背景。

---

⑫ Adam Bryant, “He’s Not Bill Gates, or Fred Astaire,” *New York Times*, February 14, 2010, p. B2.

⑬ 可参阅 Peter M. Senge, *The Fifth Discipline*, p. xviii。

⑭ 可参阅 Stahl, Maznevski, Voigt, and Jonsen, “Unraveling the Effects of Cultural Diversity in Teams,” pp. 690-709。

服务业领导者在学习型组织中的作用

学习型组织的领导者具有很多作用。我们在下栏中列出了最重要的内容，它们反映了我们前面已经详细描述的信念和实践。其中排名第一的是，将我们在这里讨论的学习信念和行为付诸实施。大量研究表明，组织成员倾向于模仿领导者的行为。行为模式像瀑布一样在组织内部流动，一直流动到主要的一线工作人员那里。我们非常重视服务组织中某些一线工作人员的信念和行为。如果一线工作人员采用这些方式，那么要求领导者也必须表现出相同的信念和行为就非常合理。无论领导者提倡的理念是什么，都应如此。

服务业领导者在学习型组织中的作用

通过采取各种方法和行动，传播与采取一系列学习型组织所拥有的价值观和行动。

组织学习。更多依赖团队的努力。宣扬一种“测试，然后投资”的心态。如果有必要，为创新和学习创建单独的“实验室”，由那些不承担产生短期利润责任的人管理。

动员组织推行保持战略优势所需的变革，不管这种优势是否会转瞬即逝。

> 为创新设定具体目标，同时也要认可创新成果，而不管在通过新的以价值为中心的服务或其他一些措施获得的收入和利润中，这些创新成果是否占了一定的比重。
>
> 不断寻求将承担各种职能、从事各项业务的人员聚集在一起的方法，旨在考虑促进思想交流和学习的议程。
>
> 在整个组织中分配人力和其他资产，认识到在学习型组织中对共同价值观和行为做出最大贡献的那些资产。
>
> 确保短期结果足够显著，能够为长期成功所需的学习和创新提供“掩护”，满足组织中“双元性”的需求。
>
> 作为面向公众的窗口，提供透明度，以预见和消除公众可能产生的惊讶情绪。

我们应该在这里解释一下专栏中出现的一个术语：双元性。根据 Michael Tushman 和 Charles O’Reilly 的说法，双元性要求领导团队能够“在利用过去的同时发现未来”[15]。一个领导者身上要同时具备培养和监督既有企业与新企业的能力。领导者不仅需要耐心地领导下属支持具有长期产出的创新，也要有从更成熟的企业中获得短期绩效的迫切性。在一个人身上同时发现这些能力是非常罕见的，但有些人相信这可以通过实践

[15] Michael L. Tushman and Charles A. O’Reilly, Ⅲ, *Winning through Innovation: A Practical Guide to Leading Organizational Change and Renewal* (Boston: Harvard Business School Press, 1997), p. x.

来学习。

现在我们应该知道了，优秀的服务业领导者所必须具备的特征与过去所尊崇的信念和行为有着微妙但重要的不同。为了使这些特征产生最大的影响，我们绝不能忘记，它们必须与那些鼓励远程创新和行动的组织设计、政策、实践、激励和测量标准（前面讨论过）结合起来。这让我们回到了这一章刚开始时提到的三个例子——亚马逊、西麦斯和奥姆尼康。

这三家公司正采取不同的路线来追求未来的成功，而且我们在这里并不是指业务选择的差异。尽管存在差异，但它们都鼓励领导者推动公司不同层级的人进行学习。亚马逊雇用具有这种能力的人才，并通过建设性的冲突，产生比任何时候都要多的一系列创新想法，使每个人都能从中获得最大的收益。西麦斯创建了“只有一个公司的组织”的文化，即“西麦斯之路”，再加上先进的组织设备，共同鼓励思想交流、不断学习和创新。奥姆尼康正在与客户分享共同的组织领地，以促进相互学习，使客户和奥姆尼康自身都能够在全球范围内无缝实施新的营销理念。

这些组织的领导者表现出不同的品质组合。他们无法被归入明确划分的类别，也没有展示领导力领域专家描述的行为模式。虽然 Bezos 可能更多地关注公司的双元性发展，但 Zambrano（在其任期内）和 Wren 却更多地关注在遵循相当严格的成功模式的行业中学习的需求。不过，所有人都在各自的行业里展示了明显的价值观导向的逻辑。他们虔诚地以客户为中心。所有人都对其客户几年后期待的结果和体验充满愿景。

当然，这里的要点是，不可能对杰出的服务领导力的具体要素进行概括。但这三家公司共同的特点是：在三个不同的服务行业中，为了践行面向未来的商业理念而形成的文化、组织、政策和实践与公司的领导者及其个人特征达成了惊人的协调一致。

服务生产率、质量和工作场所差距的情况如何?

我们早些时候曾指出，服务业，特别是美国的服务业近年来在生产率方面落后于制造业。对服务质量的感知在世界上许多地方都没有得到改善。根据最近的调查数据，在世界上所有的经济体中，员工的工作满意度几乎都达到历史最低点。问题是这些数据所暗示的负面差距（见附录）是否会在未来消失。

生产率差距

相对于服务业而言，美国和其他发达国家的制造业在提高工人的生产率方面取得了更大的进步。它在替代性技术（通过资本投资）和劳动力离岸外包战略方面取得了更大的成功。它抑制了制造业就业岗位的增长，这至少是美国工人工会化程度降低的因素之一。

尽管服务业存在大量制造业中通常不存在的提高生产率的机会，但生产率的差距还是出现了。例如，客户可以通过协助减少有偿劳动投入的方式参与服务。到医院就诊的患者可以提前填写表格以概述其疾病和服药情况，从而节省医护人员医治患者的时间。同样，在许多医疗过程中，教导患者自己进行药物治疗是一种有效的治疗方法，可以用更少的药物达到更好的效果，还节省了宝贵的劳动时间和成本。

促进制造业生产率提高的一个因素是制造商之间的国际竞争，生产率高的地方就会有更多的就业机会，生产率相对较低的地方的工作岗位就会被取消。如果技术进步能够远程提供更广泛的服务，那么某些服务提供商之间同样会存在竞争。跨国服务工作的可交易性将导致某些服务之间的全球竞争加剧，从而减少服务业和制造业工作岗位之间生产率增速的差异，缩小生产率差距。

我们不确定差距是否已经消失，这似乎与服务生产率的测量方法有关。多年来，关于如何测量信息中介工作的生产率一直存在争论，特别是在想法的质量是产出的主要因素的情况下。随着互联网的引入，测量面临的挑战也在增加。特别是，由于在互联网上提供的许多服务是免费的，当用过时的生产率测量方法去测量产出时，这些服务总是被忽视，因此产出的测量标准的准确性就受到了影响。也许最重要的是生产率测量无法包括客户体验的质量，而这是价值等式中的一个重要因素。

不管有什么样的测量问题，我们都会看到服务部门生产率的提升可以与制造业的相媲美。有人认为此现象会导致相应的代价。比如说技术类服务岗位数量增长减缓，因为许多更注重结果和服务体验质量而非成本的技术及努力将会替代这些岗位。

服务质量差距

过去20年中，客户对世界各地服务质量的感知保持不变或降低了。但是，这并不能表明质量水平下降了。问题是质量是一个不断变化的目标。因为它是根据所经历的服务质量而不是所预期的服务质量来定义的，所以它由客户来定义。而这种定义可能会随着时间的推移和客户积累越来越高质量的服务体验而变化。

不妨来看看航空公司服务的例子。乘客持续对航空公司提供的体验给予差评，对于像爱尔兰的瑞安航空这样的经济型航空公司来说尤其如此。人们选择瑞安航空并不是因为它提供令人满意的飞行体验，而是因为该航空公司的航线安排和乘客可以节省的费用。但是这些乘客仍然秉持着自己在全价航空公司的体验标准。这种预期忽视了一个事实，即欧洲航空公司的票价相较于它们提供的充其量为平庸的服务水平来说过于昂贵。乘坐飞机旅行的人比较少，人们宁愿乘坐火车。如今，欧洲航空旅行已经变得大众化。在这个过程中，机场和飞机上变得更加拥挤，飞机前后座位之间的空间缩小，餐饮等便利设施也被淘汰。与此同时，空中交通管制系统和程序得到改进，欧洲航空公司的准点率比以往任何时候都要高。因此，问题在于欧洲的航空服务是有所改善还是并没有改善。乘客认为并没有，而且他们可能还会继续保持这种想法，因为越来越多的人喜欢瑞安航空等经济型航空公司提供的低票价。

除非引入那些价值超越价格的措施，否则我们认为客户对世界各地的服务质量评级几乎没有改善的可能性。随着预期的变化，如果要改善客户的看法和评级，所提供的服务价值的提升必须发生更大的变化。出现这种情况的可能性很小，但我们认为，与测量方法方面存在问题一样，在实际服务的交付趋势方面也存在问题。

员工工作满意度差距

美国经济咨商局（Conference Board）最近的调查显示，47.7%的美国工人对工作感到满意。如果假设其他人不满意，那么就会有大约7 200万名美国工人对他们的工作不满意[16]，而这种不满意加速了跳槽的发生。所以在同一时间，86%的美国公司报告称人才保留是一个问题。[17]

员工的不满可能出于多个原因中的任何一个——领导者能力不强、个人发展机会不足、支持不足、工作太多、工资低等。有迹象表明，越来越多的组织正在解决引发工作不满的问题，这表明在这些趋势中我们已经处于最低点，随后将会有所改善。

---

⑯ Ben Cheng, Michelle Kan, Gad Levanon, and Rebecca L. Ray, "Job Satisfaction: 2014 Edition," *The Conference Board*, June, 2014.

⑰ Manhertz Jr., "Worldwide Trends in Employee Retention."

在不改变工作性质的情况下，采取更谨慎的方法来设定预期的组织将改善员工对其工作的看法。让他们参与制定和实施改进措施将产生显著的积极影响。同样重要的是那些旨在使客户心目中的一线服务提供者成为英雄的政策和支持系统。这是服务业领导者与许多制造业的同行相比所具有的优势。

关于在服务工作中如何使用技术，组织有很多需要学习的地方。无论这种技术是用于增加还是减少一线服务工作，以及使用它的方式如何，都将对其本质产生深远的影响。在这个过程中，服务部门的工作将继续呈现出分化的趋势，越来越多的工作都是由拿着更高薪酬、受过专门训练的人员来做的，同时组织也为他们配备技术支持，旨在使他们在其所服务的人心目中具有专家地位。但在光谱的另一端，更多的工作岗位并非被缩减了，而是完全被淘汰了。

服务工作的分化

我们敢断定，“训练有素、收入较高的少数人每次都能获胜”的理念在任何提供复杂且个性化的服务并需要判断力和同理心的地方都将盛行。在迪士尼主题乐园推出的MyMagic+就是一线服务领域的例子。MyMagic+是一个以使用手腕设备为中心的新系统，该系统不仅包含游客信息，以使他们更加愉快地在迪士尼主题乐园中游玩，花费更少的等待时间，而且还向迪士尼的“演职人员”传达每位游客的信息，使他们能够采取更加个性化的解决问题和服务的方式。在迪士尼主题乐园的服务职位阶梯中，“演职人员”处于较低的位置。在过去，其中一些工作仅仅涉及问候客人。另外一些人需要掌握交谈技巧，能够倾听并回应儿童及其家人的需求。然而，拥有 MyMagic+提供的信息后，这些工作变得更有趣，需要更多的判断，并且让员工们有机会以新的方式使客人满意，这些都是许多服务工作所具有的独特互动性的一部分。

在几乎或根本不需要判断或与客户互动的大规模生产服务中，可能会出现相反的情况。这些服务通常是最无聊的工作，其中许多工作将被完全取消，例如我们在第六章中提到的马萨诸塞州收费公路上的收费工作。

近年来，我们观察到服务组织如何通过建立切合实际的工作预期以及通过前面所描述的方式提升服务工作的质量来解决工作满意度低的问题。在此过程中，我们已经意识到高层管理人员具有越来越高的敏锐度，以确保这些努力一直延伸到一线员工。人们认识到，许多服务行业中，一线员工是影响客户忠诚度的首要因素，对组织发展和利润的影响最大。出于这些原因，我们认为员工工作满意度将出现转机。这种变化并不是一蹴而就的，而是在越来越开明的领导者带领下慢慢发生的。

消除生产率差距并扭转员工对其工作的负面看法可能是艰巨的任务。但我们正在把赌注押在如今具有悟性的服务业领导者身上，他们已经领导缓慢发展、集中化、层级化、命令-控制型的组织实现了向快速发展、分权化、扁平化、员工自治化组织的转化，后者才能成功地在全球范围内提供未来的个性化解决方案。在许多情况下，技术将成为新商业模式的催化剂，这些商业模式将彻底改变个性化解决方案的设计、生产和交付。然而，扭转目前消极趋势的关键将是服务业领导者，他们没有强烈的偏见，不是用一个持续不变的战略来应对未来，而是保持开放的心态，考虑组织在觉察和回应客户及员工在瞬息万变的竞争环境中不断变化的需求时必不可少的那些东西。他们的任务和创造的结果对社会的健康发展至关重要。毕竟，正如本书一开始所说的那样，服务业而不是制造业的工作岗位，正在为世界上所有发达经济体的中产阶级提供基础。

整本书中，我们选用服务第一线的故事来说明观点。主要目的是使我们的观点变得更生动有趣，更容易为读者所接受，也更难被读者忘记。考虑到这一点，我们还有最后一个故事要讲。

结 语
最后一个故事

我们选择用最后一个扩展案例来阐释本书的重点。这个故事本身就很吸引人，而且它还为服务业领导者提供了至关重要的经验和教训。

1998 年，个人财产保险公司前进公司（Progressive Corporation）在得克萨斯州休斯敦对一个体现被称为 Autograph 的“即用即付保险”（PAYG）概念的设备进行了测试。[①] 测试过程中，将近一千辆汽车上被安装了远程信息处理设备（配备全球定位和蜂窝通信技术）。据公司的一位高管描述，这一设备是“必须经过专业安装的，成本达 600 美元的笨重箱子，大小如同汽车音响”。车主们都是自愿参加这一测试的，测试的内容是研究车主和保险公司是否可以从车主的驾驶习惯信息中受益，这些信息包括行驶里程、急加速、急刹车、转向、转弯以及白天或夜间的行驶时长。作为回报，参与测试的车主可以

---

① 有关 Autograph 这一设想的详细描述可参阅 Francis X. Frei，“Progressive Insurance（A）：Pay-As-You-Go Insurance，” Harvard Business School Case No. 602-175，2008。

享受保险费折扣。该设备生成的信息使保险定价的准确性得到了提升，并使这一改进拥有广阔的前景。但是该设备及达到设备的使用要求却非常费钱，更糟的是，前进公司的创立之地克里夫兰的一家报纸《诚实商人报》（*Plain Dealer*）刊登了一篇关于测试的文章，里面有诸如“一些人甚至包括好的驾驶者都会害怕‘老大哥’（监控者）的存在”这样的评论。[②] 后来又出现了许多类似的报道。尽管如此，当时的驾驶者们依旧对这个想法很感兴趣。尽管测试已经结束，但它让前进公司的管理者们相信基于驾驶行为的保险（UBI）有朝一日将变为现实。

前进公司的领导层并没有就此放弃。2004 年，他们在三个州推出了名为 TripSense 的第二代 Autograph。新版本的特色是，它是一个可以插入汽车的车载诊断端口的设备。1996 年以后，所有美国汽车都安装了这一设备。这一监控设备如今已变得越来越小，价格约为 100 美元。它必须由客户拔出，然后客户再通过互联网将驾驶信息上传给前进公司。同样，激励客户参与的回报是降低那些驾驶习惯良好的车主的保险费。但事实证明，有些驾驶者在上传数据时并不诚信，许多人没有遵照指示。前进公司发现，这些人往往是没资格享受低保险费率的驾驶者。

---

② 参见 Teresa Dixon Murray, “Auto Insurers Ramp Up Monitoring Your Driving in Exchange for Cutting Your Rate,” *Plain Dealer*, May 27, 2012, http://www.cleveland.com/business/index.ssf/2012/05/auto_insurers_ramp_up_monitori.html。

安装了 TripSense 后，驾驶者的车险费率会根据自动报告或提高或降低。在顶峰时期，TripSense 曾被安装在数千辆汽车上。但是据前进公司的高管称："人们讨厌由风险驾驶行为而导致的费率急剧上升，因此我们从中吸取了有关定价的教训。"

由于 TripSense 的缺陷，前进公司于 2008 年用第三代即用即付保险 MyRate 取代了 TripSense 项目。MyRate 的使用最终覆盖了美国的 18 个州。驾驶者依旧会因为良好的驾驶习惯获得较低的费率，但这一测量设备如今仅需 60 美元，并且它可以通过蜂窝网络自动上传驾驶数据。驾驶者们开始通过线上保单账户获悉 UBI 的费率并报告其驾驶习惯。

在 MyRate 的协助下，前进公司对驾驶行为和事故率有了更深的了解。它们汲取的经验教训包括：（1）驾驶行为对索赔费用的预测能力是其他任何因素的 2 倍以上。（2）驾驶行为风险最高的驾驶者对公司造成的损失比风险最低的驾驶者高出约 2.5 倍。一位高管表示，这些驾驶者"甚至不应该上路"。（3）安全驾驶的投保人的保费部分用于补贴少数具有高风险驾驶行为的投保人。这表明"费率的定价幅度可以比现行的更大、更个性化"[③]。

基于这些经验教训，前进公司再次做出了尝试，于 2010 年推出了新项目 Snapshot——能自动上传信息，并且因考虑到

---

③ 此段信息主要基于以下公司报告：Progressive Corporation, *Linking Driving Behavior to Automobile Accidents and Insurance Rates: An Analysis of Five Billion Miles Driven*, Progressive Corporation, 2012。

隐私问题而拆除了全球定位系统（GPS）跟踪设备。在为期四个月的监测期后，保险费率的降幅高达 30%（或 240 美元，基于每年平均 800 美元的保费）。在此期间，前进公司向客户保证不会提高参与者的费率。此外，前进公司向所有人提供 Snapshot，而不管他们是不是公司的投保者。这个项目在 42 个州被积极推广，到 2013 年年初已经有超过 100 万名驾驶者参与了测试，其中 70% 的人获得了保险费率折扣。前进公司的一位高管评论说："我们认为我们的产品很棒。我们正在仔细研究如何最好地利用它。"④

为什么要说一个那么长的故事呢？因为它向管理者们揭示了许多有关未来服务设计、交付和定价应该有的心态：

1. 它展示了在服务设计和定价过程中，客户行为、数据测量和技术的结合。

2. 它显示了技术成本的快速降低和信息共享方式的增加，如何使几年前只存在于想象之中的服务成为现实。服务提供商需要慎重地决定如何与客户分享成本降低的收益。

3. 它向管理层提出了一些服务设计的建议，使客户能够经常实时参与这些服务的创造或共同创造。

4. 它展现了一个客户自行实现服务定制化的示例。

5. 它表明"共同创造"的战略可能很激动人心，但是这个过程需要一定的时间。

---

④ 前进公司的主管于 2013 年 3 月接受我们采访时透露。

6. 它阐明了如何通过设计服务来“培训”客户，使其成为更好的消费者，从而使他们意识到要以那些能够让自己、服务提供商和社会皆受益的方式来行动。

7. 它表明必须先使客户受益才能鼓励其参与；然后，服务提供商必须决定如何使战略为以上这个目标服务。

8. 它表明杰出的服务业领导者需要有坚持不懈的精神和边做边学的心态。从 Autograph 到 Snapshot，前进公司用了 14 年的时间，并且这一旅程尚未结束。

9. 最重要的是，它证明了组织学习的重要性。服务组织需要不断学习才能在瞬息万变、日新月异的社会中生存下去。

前进公司对于 UBI 的探索是组织努力实现服务业三连胜的典范之一。前进公司用了两次实验来确定合理的定价，从而促使参加测试 UBI 的驾驶者在第三次迭代中确信 UBI 能够给他们带来价值。直到第四次迭代的 Snapshot，前进公司终于做到经济收益可控，为公司创造了可观的价值。前进公司的发展历程还说明了组织如何通过“测试，然后再投资”的方式做出重要的战略决策。UBI 理念的正确性尚未得到充分论证，但是如果有一天它得到了证实，前进公司将处于发展的最前沿，因为它率先开展了相关的实验。这些实验使该公司为占据最有利的竞争地位做好了准备，从而使其能够充分利用多种技术选择、不断提升客户的接受度和信任度、充分了解 UBI 最受欢迎和最不受欢迎的特征以及各种管理举措所产生的经济影响。

UBI 只是前进公司给保险这一不以创新精神著称的行业带

来的最新发明之一。以前，该公司曾凭借一流的精算能力确定了深层指标，因此以标准（常规）费率向摩托车车主提供保险。它的竞争对手要么对这种保险收取了过高的费用，要么因为摩托车的高平均事故率根本不提供这种保险。前进公司的秘密是什么呢？是申请摩托车保险的客户对这两个问题的回答：您的车是否停放在车库中？您是否有孙子或孙女？前进公司的精算团队发现，具备这两个特征使得事故风险降到了有资格获得标准费率的水平。公司正是利用这些信息得以雄踞摩托车保险产业的龙头地位一直到今日。

前进公司一度为大型长途卡车车队提供保险。所有大型卡车都有可能卷入可怕的事故之中，引起争执和费用高昂的诉讼。公司再次进行了数据分析，发现保险理赔员到达事故现场所需的时间越长，保险公司的成本就越高。因此，公司设立了快速理赔机制，派代表尽快赶到事故现场满足受害者的需求。如今，前进公司缩小了业务范围，仅为小型区域卡车车队提供保险。尽管如此，公司还是吸取了为大型车队服务的经验，将“立即反应的理赔服务”应用于其他业务中。根据公司网站的介绍，前进公司是“第一家在事故现场为客户提供服务的汽车保险集团”[5]。

由于寻求保险服务的客户会四处对比价格，所以前进公司

⑤ “Progressive Firsts,” https://www.progressive.com/progressive-insurance/first/, accessed May 15, 2013.

决定在其网站上公布提供同等保险服务的竞争对手的保险费率以帮助客户进行对比。这种做法在客户中建立了信誉，并提高了前进公司的销售额，尽管其费率并非最低。

这些只是在一个有些沉闷的行业中不断创新的例子。读者或许已经猜到，前进公司在创新方面的行业领先地位也体现在公司的领导层上。公司的领导层是由一群不知足、不安分的人组成的，他们的管理目标是在一个有200个竞争对手的行业内取得一个又一个的短暂竞争优势。我们首次发现这一点是在几年前的一个万圣节，这一节日对前进公司是件大事。当时的首席执行官Peter Lewis身着一件独行侠服装（他的万圣节服装）、手拿一把发光的玩具手枪参加董事会会议。

Lewis的管理理念是建立一个由数据和证据驱动的组织，这一理念很大程度上源于公司创建了一支世界一流的精算师队伍。当时，前进公司所聘用的哈佛商学院MBA毕业生数量比保险行业其他所有公司加在一起还要多。Lewis将优秀的人才与良好的数据相结合，鼓励和支持对任何有望实现客户与公司互惠互利的新想法进行测试。Lewis之所以这么做，是因为他认为公司可以从失败和成功当中学习。事实上，的确有不少想法成功了，也有不少想法失败了。但是，那些明智地冒险的人总会获得赞赏。

2001年，Lewis将工作委托给了他精心挑选的继任者Glenn Renwick。在公司内部，Renwick被描述为“勤奋、可靠、实话实说的人，并且是能够以不引人注目的方式把一切事情都妥当完成的出色的工程师”。简而言之，他不会是那类在董事会会议上拿着玩具手枪开火的人。Renwick 领导的公司并不把自己定位为保险行业的一员。相反，前进公司的目标是“减少汽车事故造成的人身损害和经济成本。我们实现这一目标的途径是为客户提供旨在帮助他们尽快恢复正常生活的服务”[6]。

Renwick 是一名受过培训的工程师，他能够为前进公司带来什么价值呢？在他“不太吸引人”的领导下，可靠性（“说到做到”）促成高度的信任，同时，“几乎疯狂的”（据一位高管称）透明度推动了观点分享，从而激发了学习和创新。例如，前进公司是美国唯一一家每月详细报告财务状况的上市公司。员工们并不担心观点分享是否成功。一位高管表示：“（员工）相互分享搞砸的事情往往会引起‘你可以做得更好吗’的讨论。”分享也会推动学习。团队的合作水平很高，公司大力招聘为团队成员带来更多元化背景的员工。

前进公司并没有任何创新部门或中心，而是由那些寻求降低成本或改进服务的员工利用卓越的数据库检验他们有关某个细分客户群的想法。得益于拥有一支领先于行业的精算团队，前进公司如今依然在收集收入、索赔和费用的相关数据。这样的数据细化有助于检验新想法。报告系统会提供即时反馈，协助某一想法的提出者决定是否推广、修改或终止该想法。从某

⑥ “Core Values,” https：//www. progressive. com/progressive-insurance/core-values/, accessed June 2, 2014.

种意义上说，这是一种数字化的创新。最成功的想法会被选出，然后在全国范围内进行推广。在前进公司，最大的荣誉就是被称为新产品或新流程冠军。

近年来，前进公司一直在努力避免成为又一家大型的成熟企业，虽然并非总是事如人愿。公司的增长速度连同投资者习以为常的可观收益都已在放缓的过程之中。在以数据为王的公司中，新想法时常会遇到一些反对的声音，但学习似乎依然是首要的，不断发展的 UBI 以及在美国的业务中一些最具创新性的营销工作都证明了这一点。

前进公司过去 40 年的经营体现了诸多与优秀的服务业领导者和组织相关的理念。结果体现在了高员工保留率、客户保留率以及投资者的真实收益上。这些思想成果还体现在创新上。我们还在关注并等待着前进公司学会处理大数据，以在保险这一向来单调的服务行业中掀起新一轮的创新。这一目标的实现需要该公司学习新技能以存储、检索和分析基于驾驶行为的保险结果。目前，该公司已经在为自动驾驶汽车改变汽车保险业面貌那一天的到来做准备了。

最后的一些建议

未来将会有越来越多的组织奉行本书所提及的理念，背后的原因与进化论相关。这些组织将成为幸存者——成为员工最佳的工作场所，为客户提供真正的价值，为投资者提供高回报——从服务业三连胜中获益。幸存者都拥有能够使自己在各自的行业中不断处于学习前沿的领导层。

未来，消费者将逐渐转变消费方式，以环保的方式满足其日益增长的非物质需求。世界发达经济体对于服务的需求将超过对工业产品的需求。正如上文曾提到的，信息将会取代实物，同时促进实物的高效生产。

更重要的是，在未来的服务行业中，许多组织的工作和岗位将被重新定义。未来的服务业需要更加谨慎地招聘员工，为员工提供更全面的培训，使其发挥更多的才能。未来的服务岗位将给员工带来更高的满意度，因为他们具有向最终客户（消费者）提供服务的潜力。

越来越多突破性的服务组织在培养实现服务业未来潜力所需的领导力。这些突破性服务组织的领导层将各尽其能，以求完成这一任务。因为他们都是依据态度被精心选拔的，接受了相应的技能培训，有出色的支持系统协助，并且在往更高的职位发展时被授予了完成工作的自主权，所以他们已经为这一任务做好了准备。他们将成为一支能够不负期望的领导者队伍，加强员工和客户的信任。信任将促使员工和客户成长为对组织具有非凡终身价值的主人翁。他们将领导着未来的学习型组织。他们或许现在还不知道实现以上目标需要什么样的战略和战术，他们也没有必要知道。但是，当服务业的未来发展初见端倪时，他们将会是第一批做出反应和改变的人。他们与他们的服务组织在不断地学习和准备着。

附　录

服务趋势及一些要点

在研究过程中，我们对服务业的一些全球趋势进行了追踪观察。这些趋势揭示了世界发达经济体中存在的一些有趣的服务工作模式。其中最有趣的一些模式可参见下文所示的专栏。以下列出的是观察这些趋势所得出的部分结果。

在其中提到的众多趋势中，有两点趋势使我们和多数经济学家最为担忧。

首先是制造业和服务业工人之间的生产率差距。图 A-4 中的数据显示，从 1987 年至 2011 年间，美国制造业的生产率每年比美国劳工统计局列入“服务”范畴的一系列业务高出整整 1 个百分点。图 A-5 解释了这一现象出现的原因，同时也对未来的发展敲响了警钟。图 A-5 显示，服务业生产的劳动力投入实际上有所增长，从 1987 年的 57.5% 上升到 2011 年的 58.2%；而制造业生产的劳动力投入比重则从 1987 年的 34.8% 大幅下降到 2011 年的 27.1%。如果劳动力投入对于服务业是十分重要的，那么追求更高的服务业劳动生产率势必更显紧迫。

美国与其他发达经济体的服务业及制造业趋势

1. 自1978年以来，美国总就业人数中从事服务岗位（非制造业、采矿业和农业）的比重从78%上升到88%（见图A-1）。虽然有人期待着这一趋势能够扭转，并且希望被视为推动了中产阶级再次崛起的制造业工作会卷土重来，但这种情况并不会出现。美国和世界上其他许多地区的制造业岗位占就业总人数的比重将持续下降。

2. 在英国、法国、墨西哥和中国等国家的就业模式中也存在类似的趋势（见图A-2）。随着经济的发展，所有经济体自然地倾向于发展更高比例的服务业。在最不发达的经济体中，这一趋势的发展速度最快。英国近90%、法国85%的工作岗位都在服务领域，甚至墨西哥也突破了70%。中国的就业模式则是其他国家早期发展阶段的一个缩影。

3. 美国服务业增加值占GDP的比重从1990年的70%增加到2011年的78%，如图A-3所示。

4. 如今，服务业占世界 GDP 的比重高达 70% 以上。这一趋势显示全球正朝着某一均衡点发展，即各个地区服务业占 GDP 的份额可能接近或超过 80%（见图 A-3）。

5. 服务业内部的各行业之间差异明显。例如，衡量劳动生产率的指标——员工人均营运收入有高达 120 万美元的，也有不足 6 万美元的。人均营运收入达到 120 万美元的是批发行业（劳动力成本所占的比重很小），不足 6 万美元的包括消费者服务如住宿与餐饮，甚至一些商业服务如仓储（见表 A-1）。

6. 1987 年至 2011 年间，美国一些服务部门（如贸易、运输和信息）的年度生产率增幅与制造业大致相同。然而，根据美国政府的统计数据，至少自 1987 年以来，带有“服务”字眼的各类活动的生产率每年落后于制造业 1 个百分点（见图 A-4）。

7. 不出所料，与制造业相比，服务业所需的劳动力投入高于所需的物质投入。然而，虽然制造业的劳动力投入从 1987 年的 34.8% 下降到 2011 年的 27.1%，但服务业的劳动力投入实际上仅略微增长，从 57.9% 提高到 58.2%（见图 A-5）。这一现象也表明服务活动的生产率增长迟缓。

8. 美国在服务领域持续享有对其他国家较大的贸易顺差，这些贸易顺差的来源包括：海外投资所得的利息，向访美的国外游客提供的服务，跨境提供的运输、通信、军事等服务。但是美国在服务业上的贸易顺差只能部分抵消数额更大的制造业贸易逆差（见图 A-6）。

9. 虽然整个服务行业内的平均工资水平差异悬殊，但是近期美国的服务业平均工资总体上有了增长，并且超过了制造业的平均工资水平。这一点与人们普遍持有的观点正好相反（见图 A-7 和表 A-2）。

10. 美国服务业的就业情况比制造业更稳定（见图 A-8）。虽然缺少相关数据，但可以推测出不同服务业企业的就业稳定性各不相同，而且这一调查统计并没有考虑到员工的转岗和离职。

如今，越来越多服务工作尤其是医疗保健和教育等领域的服务工作不需要服务提供者与顾客的近距离接触即可实现。[1]这使得追求更高的服务业生产率这一任务显得尤为紧迫。因此，这些服务工作的可贸易性（指服务进入国际市场交易的可能性与可行性）不断增强，面临着全球竞争以及提高生产率的压力。相比之下，一些基于特定服务地区、可贸易性较低的岗位，例如公共教育、医疗保健、休闲和酒店的生产率增长则较低。但正如大家所见，即使是这类工作也显示出更具贸易

① 例如，可参阅 Spence，*The Next Convergence*。

性的迹象。

相比第一个趋势，第二个趋势更为重要，它使得学习管理的我们深感担忧。我们倾向于认为一线的员工被赋予了更多掌控其服务效果的自主权，并且这些一线员工得到了更重要的工作，受到了更多有助于提高其生产率的培训。此外，支持系统的设计有助于这些一线员工为客户提供令其满意的服务。我们倾向于认为这些一线员工对自己的工作更加满意。但遗憾的是，人们所想所愿与实际情况并不总是相符。

2014 年世界大型企业联合会调查的结果表明，47.7% 的美国工人对自己的工作感到满意，这一数字仅略高于 27 年来的历史最低点。如何解释这一点呢？[②] 为什么 2005 年针对 16 个国家的工人做的类似研究表明，只有 14% 的人回答他们“高度投入”自己的工作中，而 29% 的人表示他们“并没有投入”自己的工作中？[③] 为什么最近的盖洛普咨询公司（Gallup）民意调查显示，只有 2% 的新加坡工人“感到他们的工作很有吸引力”？[④] 2005 年研究结果中最重要的一点是，“高度投入”的员工表示，他们留在工作岗位上的可能性是那些“并没有投入”工作中的员工的 2 倍。[⑤]

---

② Cheng, Kan, Levanon, and Ray, “Job Satisfaction.”

③ Towers Perrin, *Towers Perrin Global Workforce Study* (New York: Towers Perrin, 2005).

④ Bruce Einhorn and Sharon Chen, “Singapore Confronts an Emotion Deficit,” *Bloomberg Businessweek*, November 26–December 2, 2012, pp. 24 and 26.

⑤ Towers Perrin, *Towers Perrin Global Workforce Study*.

这些令人失望的发现有几种可能的解释。首先，对工作的态度很可能会受到个别管理者无法控制的诸多因素的影响。然而，有一个重要因素是在管理层的控制范围之内的，那就是工作满意度。满意度是实际经历的与预期之间正或负差异的函数。低工作满意度可能是不切实际的高预期值、越来越多的负面经验或两者兼有的一个函数。我们在研究中发现，未满足的预期也与员工对企业和老板缺乏信任有关，这是员工不满的另一个难题。无论如何解释，管理层都必须对现状以及如何改变这种现状负责。

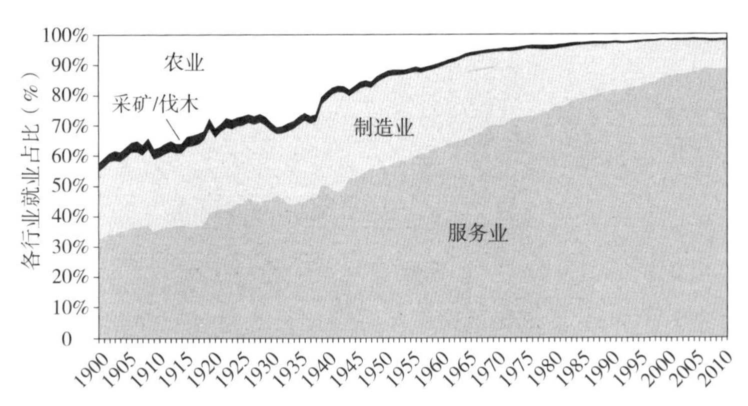

图 A-1　1900—2013 年美国各行业就业发展趋势

资料来源：美国劳工统计局，美国历史数据，美国人口普查局，2014 年 6 月 20 日获得数据。

要点：自 1900 年以来（除了大萧条和第二次世界大战期间），美国服务业就业岗位所占的比重稳步攀升，占比接近所有工作岗位的 90%。

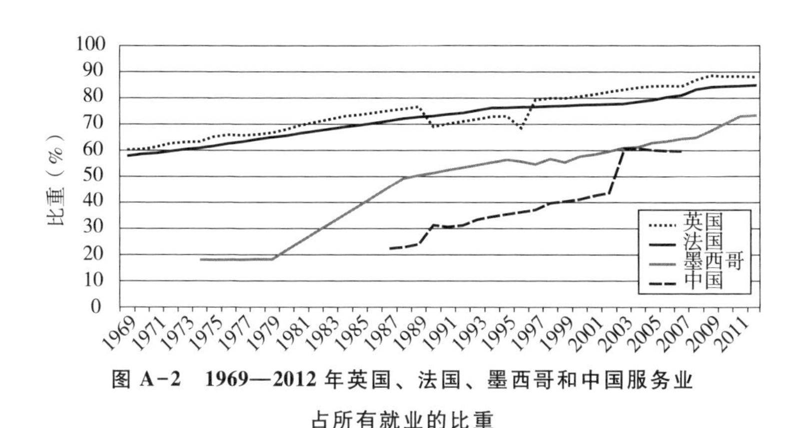

图 A-2 1969—2012 年英国、法国、墨西哥和中国服务业占所有就业的比重

资料来源：国际劳工组织，ILOSTAT 数据库，www. ilo. org，2014 年 6 月 19 日获得数据。

要点：数十年来，全球较发达和欠发达经济体的服务业就业比重都有所提高。墨西哥和中国等发展中经济体的增长率更高。像英国和法国这样的发达经济体，增长率正在放缓，越来越接近美国的比重。

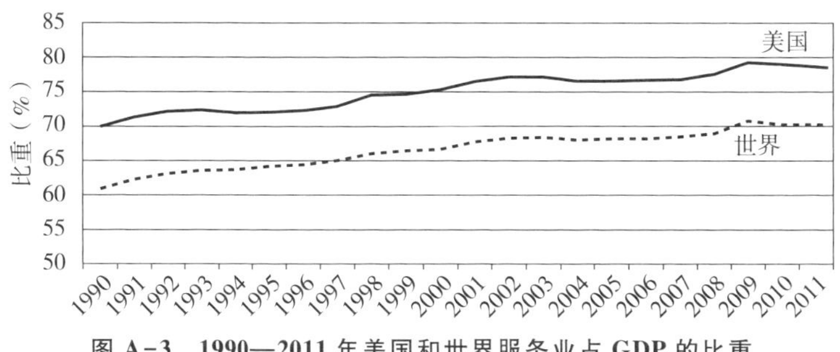

图 A-3 1990—2011 年美国和世界服务业占 GDP 的比重

资料来源：世界银行，世界发展指标，http：//data. worldbank. org/data-catalog/world-development-indicators，2014 年 6 月 8 日获得数据。

要点：服务业占 GDP 的比重从 1990 年的约 70% 提高到 2011 年的约 78%。全球服务业占 GDP 的比重呈现出相同的趋势，尽管近几年全球服务业占 GDP 的比重比美国约低 10 个百分点。将这些数据与图 A-1 中的数据进行比较，可以得出服务业就业人数约占美国就业总人数的 89%，这表明美国服务业的每个员工以 GDP 衡量的产值低于制造业的每个员工以 GDP 衡量的产值。这是衡量生产力的一种方法，但可能并不完美。

表 A-1　2012 年美国不同类型企业人均经营收入

企业类型	人均经营收入（美元）
石油和天然气开采	1 738 163
批发贸易	1 184 560
公用事业	796 943
保险公司及相关活动	749 774
制造业	510 816
采矿业	446 244
信息业	384 227
零售业	286 887
房地产和租赁	247 760
专业、科学和技术服务	189 574

（续表）

企业类型	人均经营收入（美元）
运输和仓储	172 653
其他服务（公共行政除外）	125 063
社会保险和社会救助	110 349
艺术和娱乐业	96 273
教育服务业	85 480
住宿和餐饮服务业	59 083
仓储	44 276

注：加粗的企业类型主要是服务业。

资料来源：美国人口普查局，http：//factfinder2. census. gov/faces/tableservices/jsf/pages/productview. xhtml? pid=ECN_2012_US_00CADV1&prod Type=table，2014 年 7 月 9 日获得数据。

要点：每个员工的人均经营收入因美国企业的类型而异。对于大多数类型的服务业企业来说，它远低于制造业。然而，这是一个很差的生产率指标，因为在人均经营收入高的企业中，劳动力投入（以及成本占收入的比重）通常最低。经营收入在某种程度上对总劳动力支出和每小时工资设置上限，这一点对于从信息服务到仓储在内的许多服务业企业都很重要。它提醒人们需要提高生产力，特别是在教育服务、住宿和餐饮服务以及仓储等人均营业收入低的服务行业。

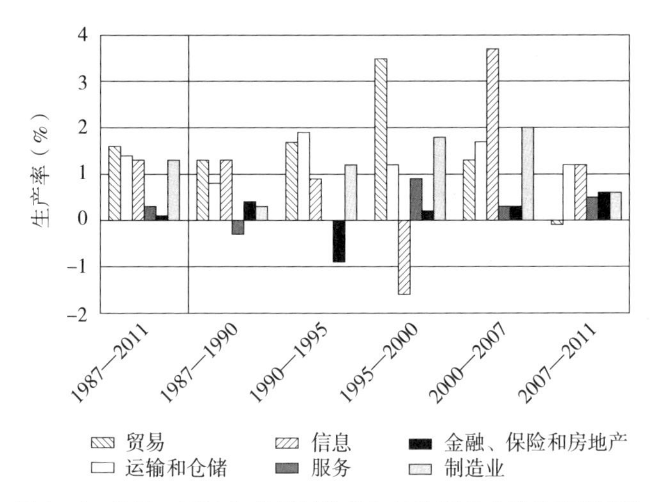

图 A-4　1987—2011 年美国制造业与某些服务业的生产率变化

注：服务业包括：专业、科学和技术服务；公司和企业管理；行政及支援以及废物管理与污染整治业；教育服务业；社会保险和社会救助；艺术和娱乐业；住宿和餐饮服务业；其他服务（公共行政除外）。

资料来源：美国劳工统计局，http://www.bls.gov/mfp/mprdload.htm，2014 年 7 月 11 日获得数据。

要点：在 1987—2011 年的 24 年间，几个服务类别（贸易、运输和仓储以及信息）的平均年度多要素生产率增长与制造业相近。然而，许多服务工作（包含在“服务业”中）的多要素生产率几乎没有变化，这解释了为什么服务工作的生产率增长总体上落后于制造业。然而，2007—2011 年，总体上处于大萧条时期，即使是“服务业”中的工作，生产率的增长也大致与制造业相当。

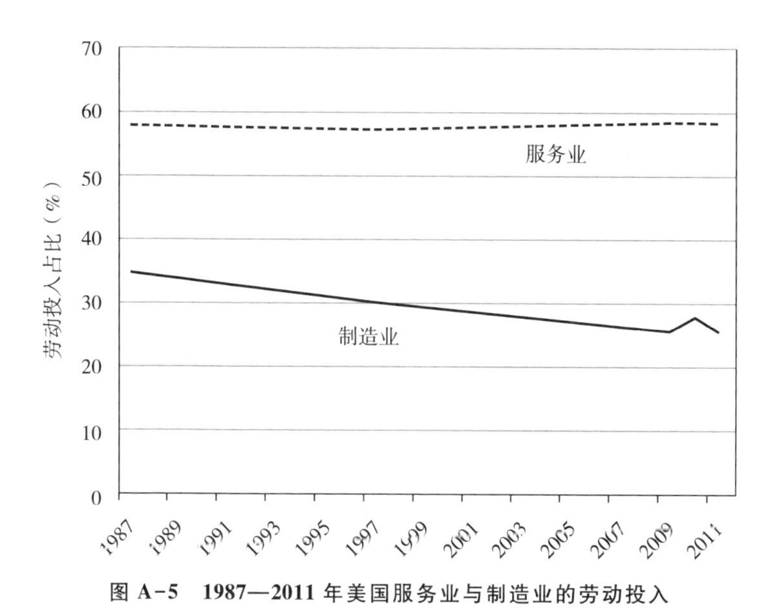

图 A-5 1987—2011 年美国服务业与制造业的劳动投入

资料来源：美国劳工统计局，http：//www. bls. gov/mfp/mprdload. htm，2014 年 7 月 8 日获得数据。

要点：虽然制造业企业在 1987—2011 年间减少了对成品的劳动力投入，但服务业企业却无法这样做。表 A-2 中的数据提供了一种可能的解释。它表明，近年来服务业就业增长最大的是休闲和酒店业岗位——就业人数占劳动力总投入比重最高的岗位以及薪酬最低的岗位。如表 A-1 所示，这些岗位也是人均经营收入较低的组织中的岗位。这有助于解释为什么在这一时期整个服务业的生产率增长低于制造业。

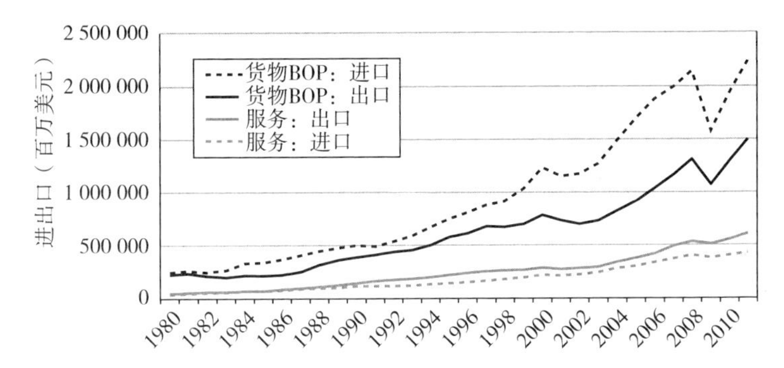

图 A-6　1980—2011 年美国货物和服务贸易趋势，

国际收支平衡（BOP）基础

资料来源：美国经济分析局，http：//www.census.gov/foreign-trade/statistics/historical/gands.txt，2014 年 6 月 19 日获得数据。

要点：多年来，服务业为美国带来了可观的贸易顺差。然而，这些顺差还不足以抵消制造业产生的较大的贸易逆差。

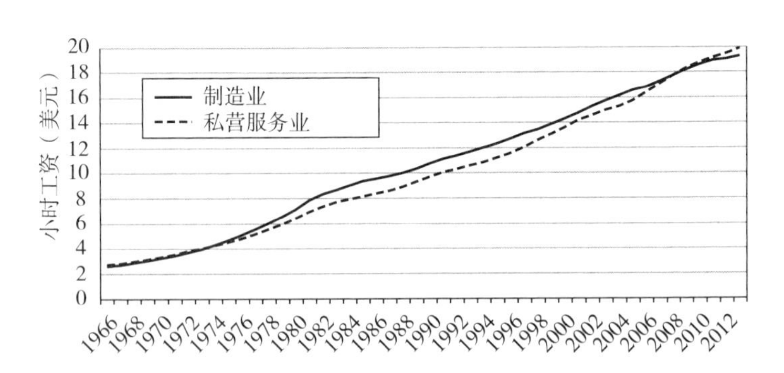

图 A-7　1966—2013 年美国服务业和制造业平均小时工资

资料来源：美国劳工统计局，http：//data.bls.gov/pdq/SurveyOutputServlet，2014 年 6 月 18 日获得数据。

要点： 自 1994 年起，美国服务业的平均工资稳步增长，接近制造业，并且自 2010 年起超过了制造业。

表 A-2 美国 2013 年平均小时收入和就业以及 2004—2013 年制造业、某些服务业和采掘业的就业增长

企业类型	2013 年平均小时收入(美元)	2013 年就业数(百万人)	2004—2013 年就业增长(%)
石油和天然气开采	30.28	0.2	60.2
信息服务	27.99	2.7	-13.9
采矿和伐木业	26.81	0.9	46.9
专业和商业服务	23.69	18.6	13.2
私人服务	19.90	5.8	-16.5
运输和仓储	19.82	25.9	1.3
制造业	19.30	12.0	-16.1
其他服务	18.00	5.5	1.0
休闲和酒店	11.78	14.2	14.0

注：加粗的为服务业企业。

资料来源：美国劳工统计局，http://www.bls.gov/opub/eef/archive.htm，2014 年 6 月 24 日获得数据。

要点： 尽管通常来说美国服务业工作岗位的平均薪酬高于制造业工作岗位，但实际上工资波动范围很大，许多工作岗位都在这个范围的顶部和底部。所有类别的服务业就业增长都超过了制造业，增长率最高的是低薪酬的休闲、酒店以及高薪酬的专业和商业服务。

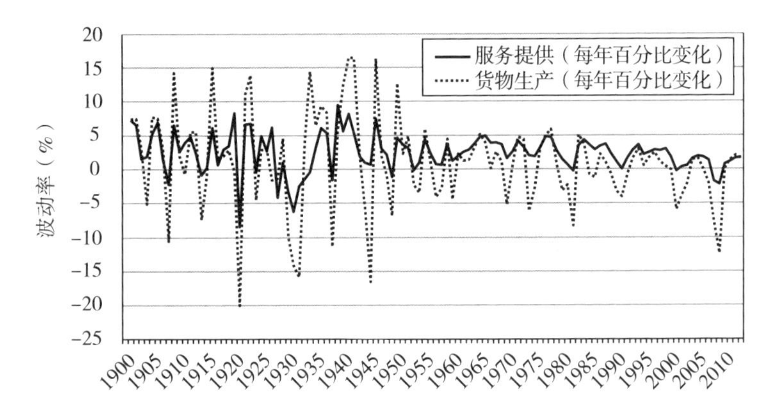

图 A-8　1901—2013 年美国服务业和制造业的就业稳定性

资料来源：美国劳工统计局，美国历史数据，美国人口普查局，2014 年 6 月 20 日获得数据。

要点：在图 A-8 所示的数据产生期间，美国服务业就业比制造业更稳定，2008—2010 年的大萧条期间也是如此。

致 谢

在影响本书的众多高管中，我们想特别感谢一些给我们带来启发的人，他们帮助我们准备案例材料，或者以他们可能不知道的方式帮助了我们。这些人包括：Colleen Barrett，Jeff Bezos，John Bogle，Scott Cook，Andy Fromm，Diane Hessan，Jacques Horowitz，Tony Hsieh，Bill Hybels，John Jamotta，Craig Jelinek，Ingvar Kamprad，Herb Kelleher，Gary Kelly，Arkadi Kuhlmann，Gary Loveman，John Mackey，Lanham Napier，Bill Pollard，Prathap Reddy，Howard Schultz，Carl Sewell，Fred Smith，Tom Watson，Jack Welch，Leslie Wexner，Ed Wise，John Wren，Mabel Yu，以及已故的 Lorenzo Zambrano。

我们在与两位优秀的案例材料提供者 Dan Maher 和 Dan O'Brien 合作时学到了很多东西。我们的同事 Erika McCaffrey 在组织附录中的数据、查找信息以及验证事实等方面给我们提供了有益的帮助。Paula Alexander 和 Jacqueline Archer 使我们的工作更加出彩。

多年来，我们从研究世界各地服务现象的同事们的工作中受益匪浅。我们不可能把所有人都列出来，但是那些可能对我们影响最大的人包括：Lerzan Aksoy，Leonard Berry，Mary Jo Bitner，David Bowen，Stephen Brown，Richard Chase，Tom Davenport，Bo Eriksen，Timothy Keiningham，A. Parasuraman，Frederick Reichheld，Benjamin Schneider，Peter Senge，Raj Sisodia，Rohit Verma，Joe Wheeler，Valarie Zeithaml。

在哈佛商学院那些正在或曾经和我们一起工作的同事中，我们必须感谢以下这些人的帮助：Christopher Bartlett，Dennis Campbell，James Cash，Tom DeLong，Amy Edmondson，Tom Eisenmann，Frances Frei，Roger Hallowell，Christopher Hart，Luis Huete，Tom Jones，Robert Kaplan，Nancy Koehn，已故的Christopher Lovelock，David Maister，Youngme Moon，Ashish Nanda，Charles O'Reilly III，Jeffrey Rayport，Roger Schmenner，Robert Simons，Michael Tushman，以及已故的D. Daryl Wyckoff。

我们感谢哈佛商学院四位院长的支持：John McArthur，Kim Clark，Jay Light，Nitin Nohria。我们要把这本书献给John，因为他认识到了解服务部门的重要性，虽然当时这个研究主题还很少被接纳为学术机构公认的学习和研究领域。正是他的远见和鼓励激励着我们前进。

我们很幸运能够与出版社合作出版这本书，它体现了我们所写的突破性服务的特点。Berrett-Koehler出版社的同仁与我们一起努力工作，推出了一部读者将予以重视并且作者可以引以为傲的著作。特别感谢Neal Maillet相信本书的构思，将我们引荐给 Berrett-Koehler 出版社，最重要的是，将我们介绍给之后与我们携手合作的 Nic Albert，并对我们的原稿进行了实质性的修改。

那些离我们的工作最近的人当然是我们的家人。特别感谢我们的另一半——Marilyn、Connie 和 Phyllis——在本书撰写过程中对我们的理解和支持。